AF450665

HISTOIRE
DE L'EMPIRE MEXICAIN.
repreſentée par figures.
RELATION
DV MEXIQUE, OV DE LA NOUVELLE ESPAGNE,
Par Thomas Gages.

A PARIS,

Chez ANDRE' CRAMOISY, ruë de la vieille Bouclerie, au Sacrifice
d'Abraham.

I.
V
T
A
B
T
C
T
N
D
E
F
M
G
H
L
I
K
T
R
P
Q
S

II.

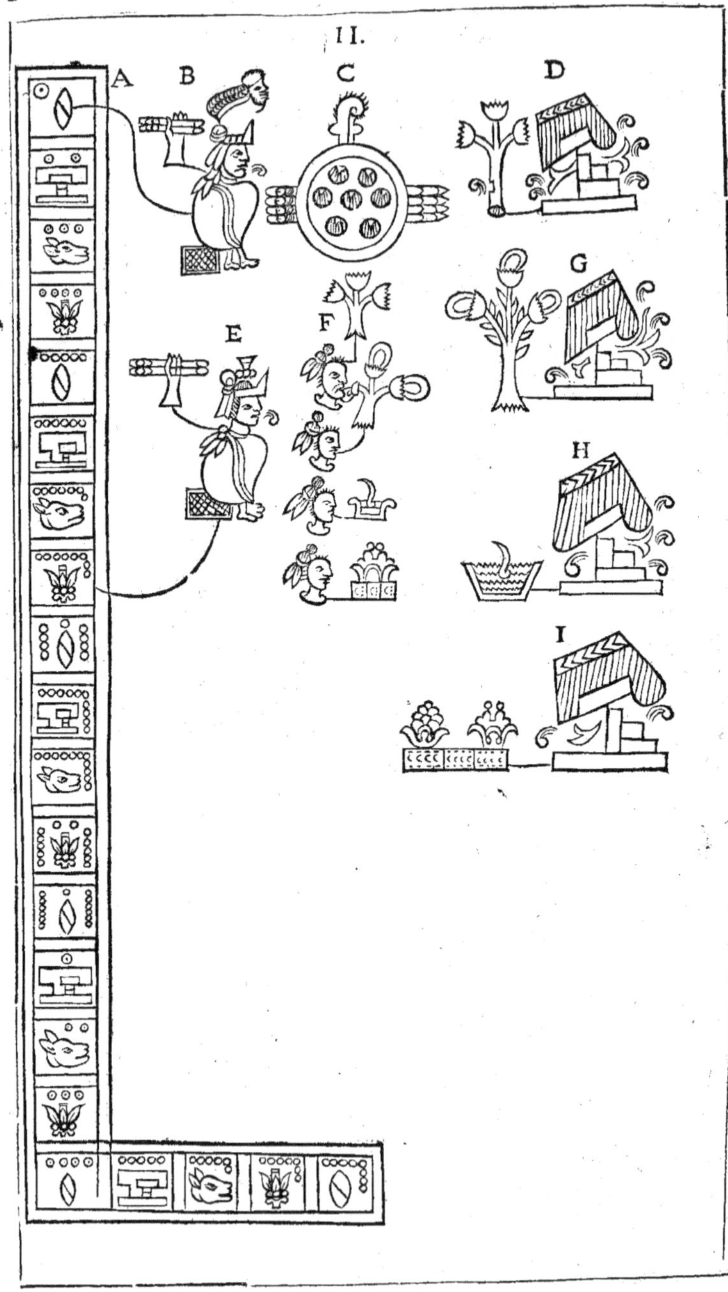

III.

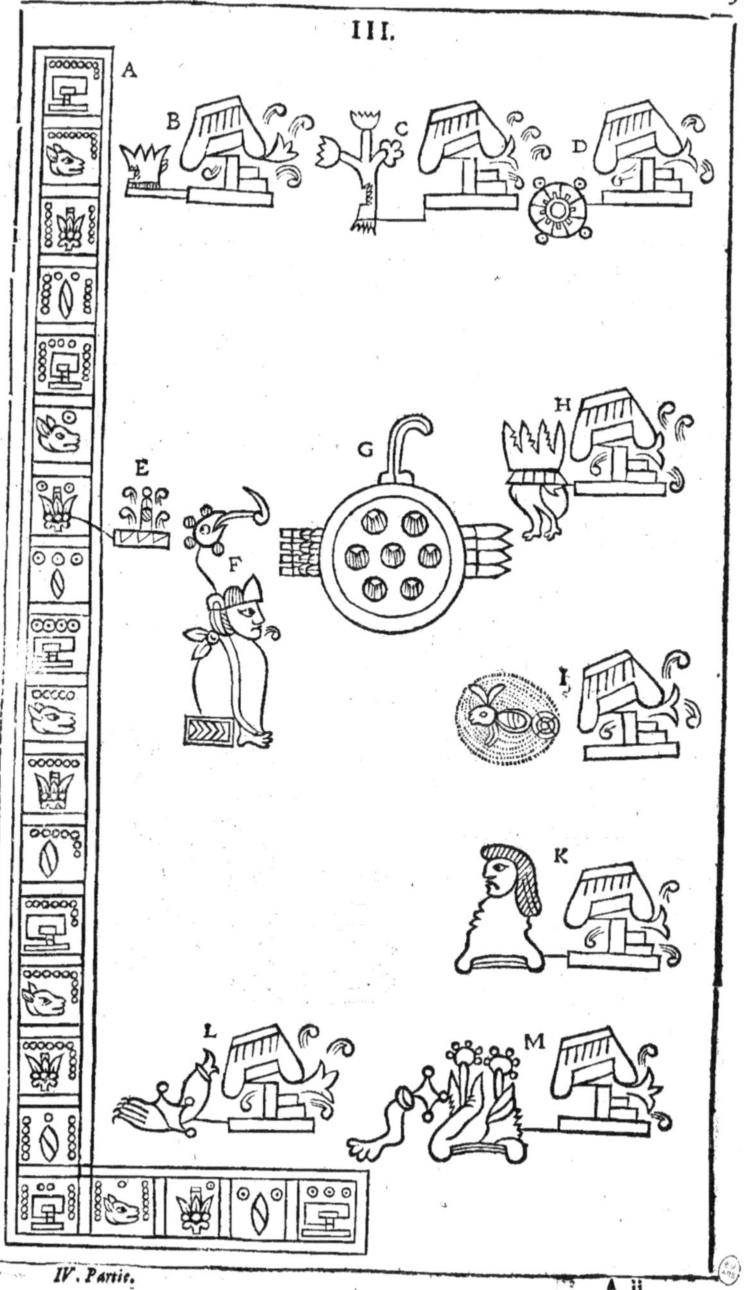

A
B
C
D
E
F
G
H
H
H
H
I

V.

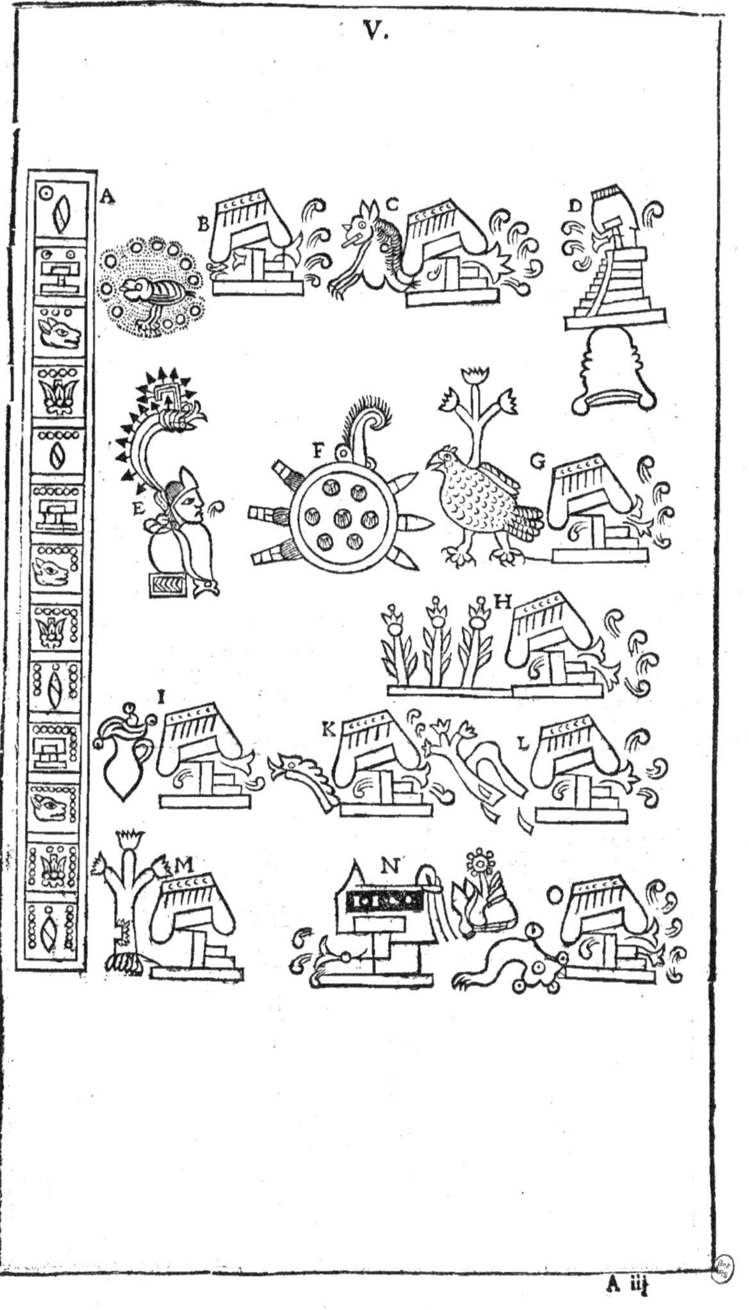

VI.

VII.

VIII.

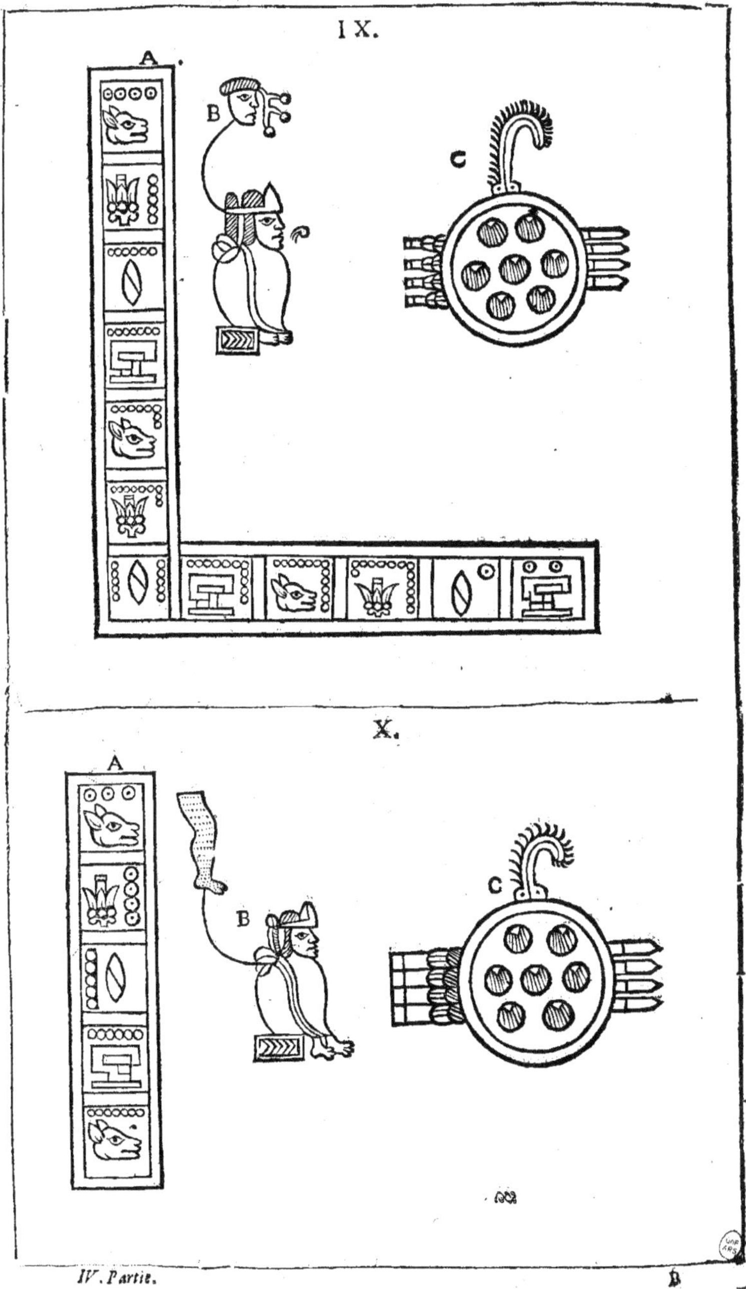

IX.
A
B
C
X.
A
B
C

XI.

XII.

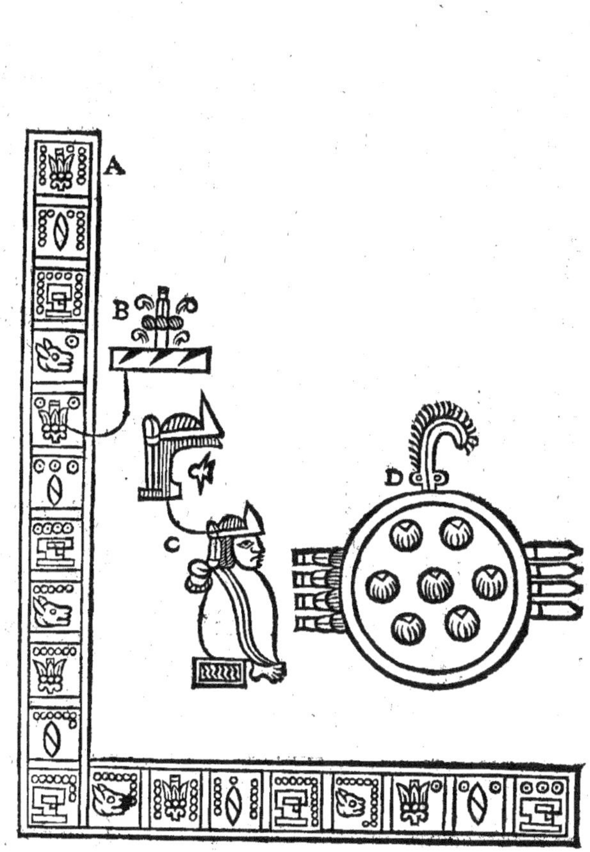

XIII.

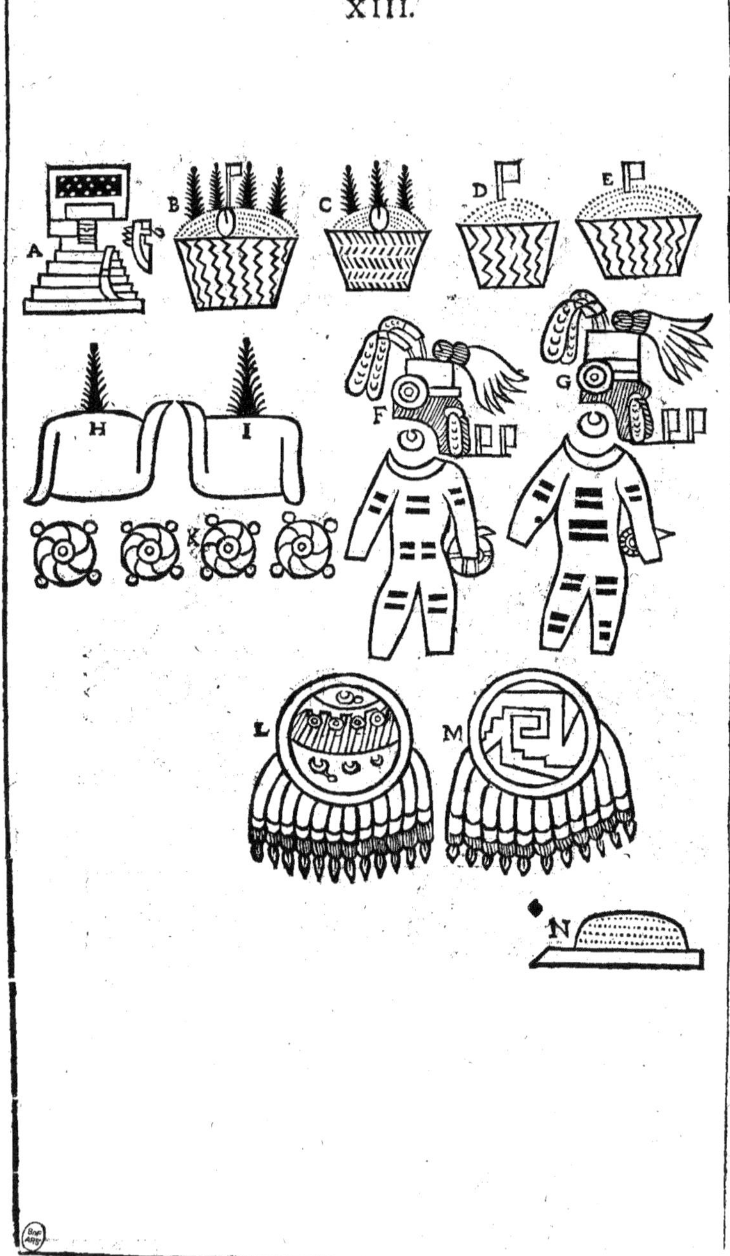

XIV.

XV.

XVI.

XVII.

XVIII.
A
B C D E F
XIX.
A B C D E
F
XX.
A B C
D

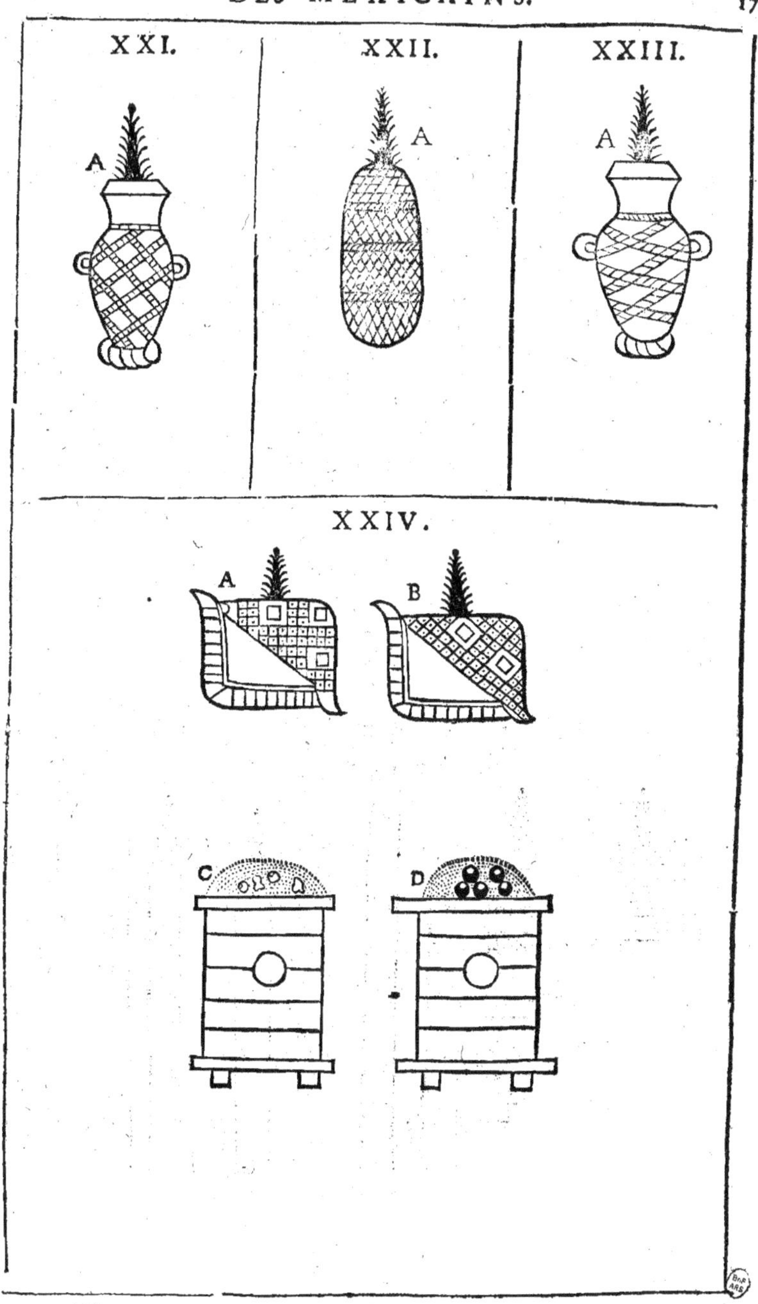

XXI.
XXII.
XXIII.
A
A
A
XXIV.
A
B
C
D

XXV.

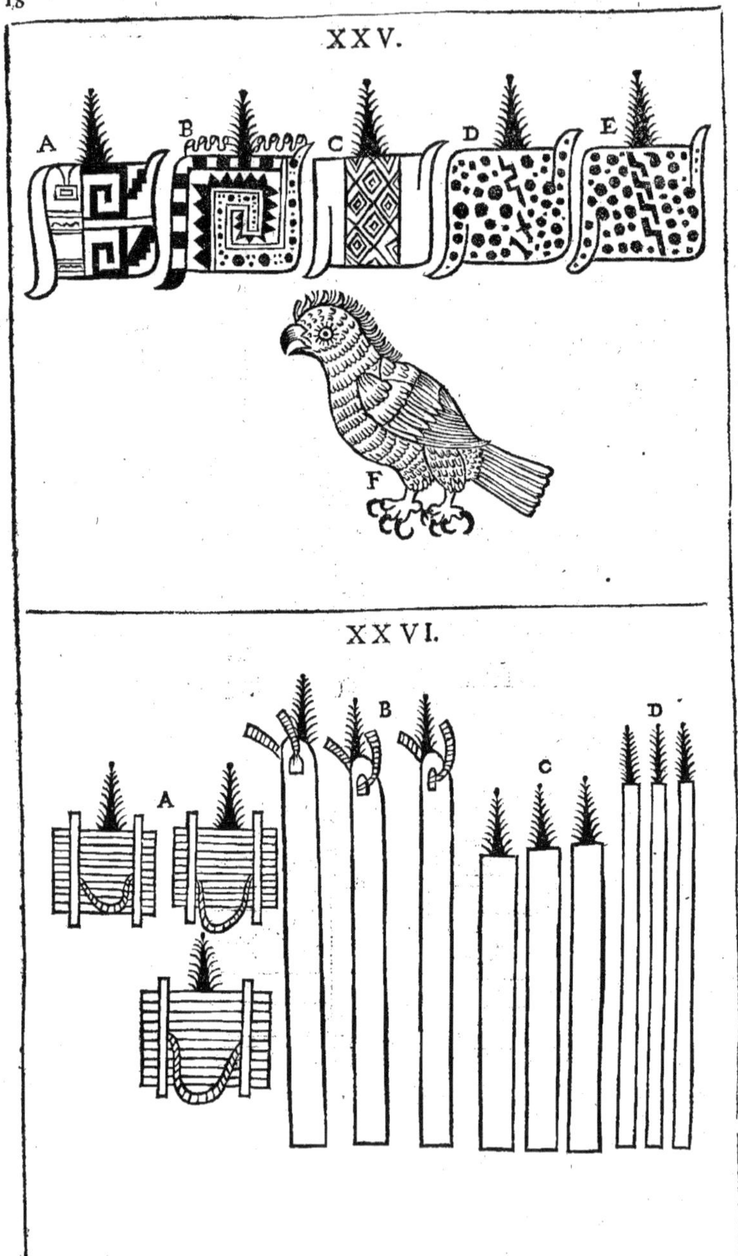

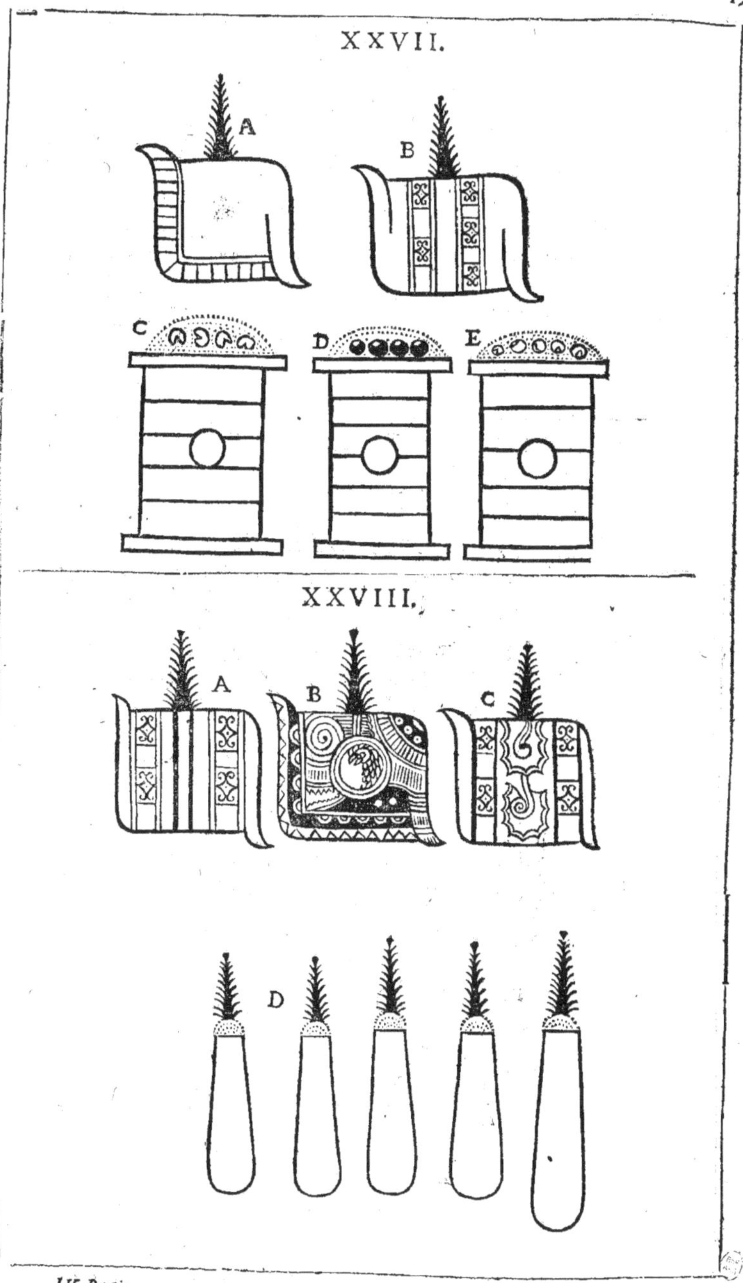
XXVII.
A
B
C
D
E
XXVIII.
A
B
C
D

XXIX.

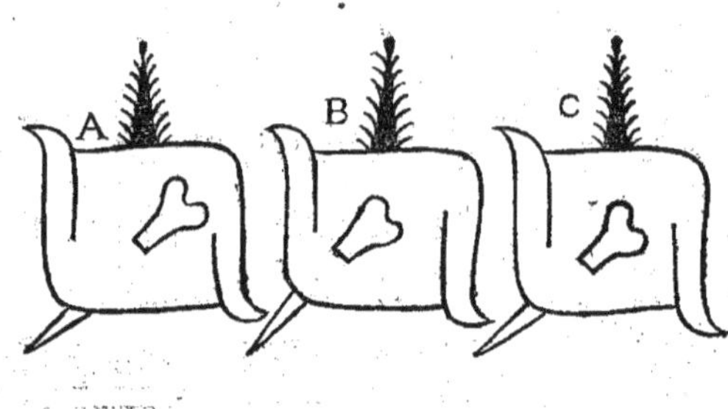

XXX.

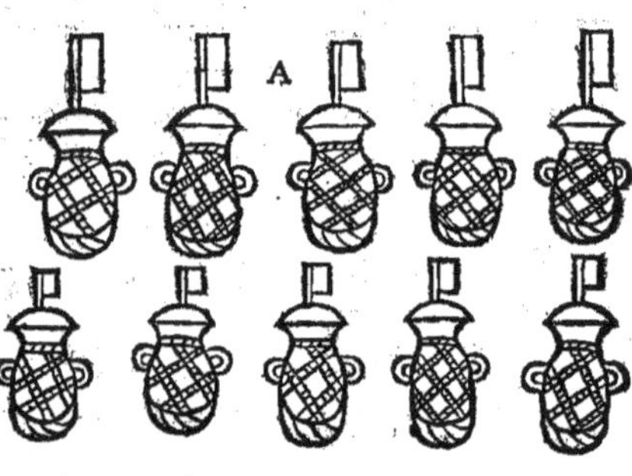

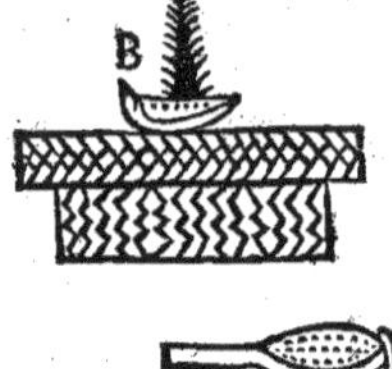

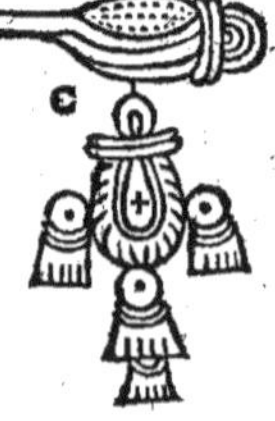

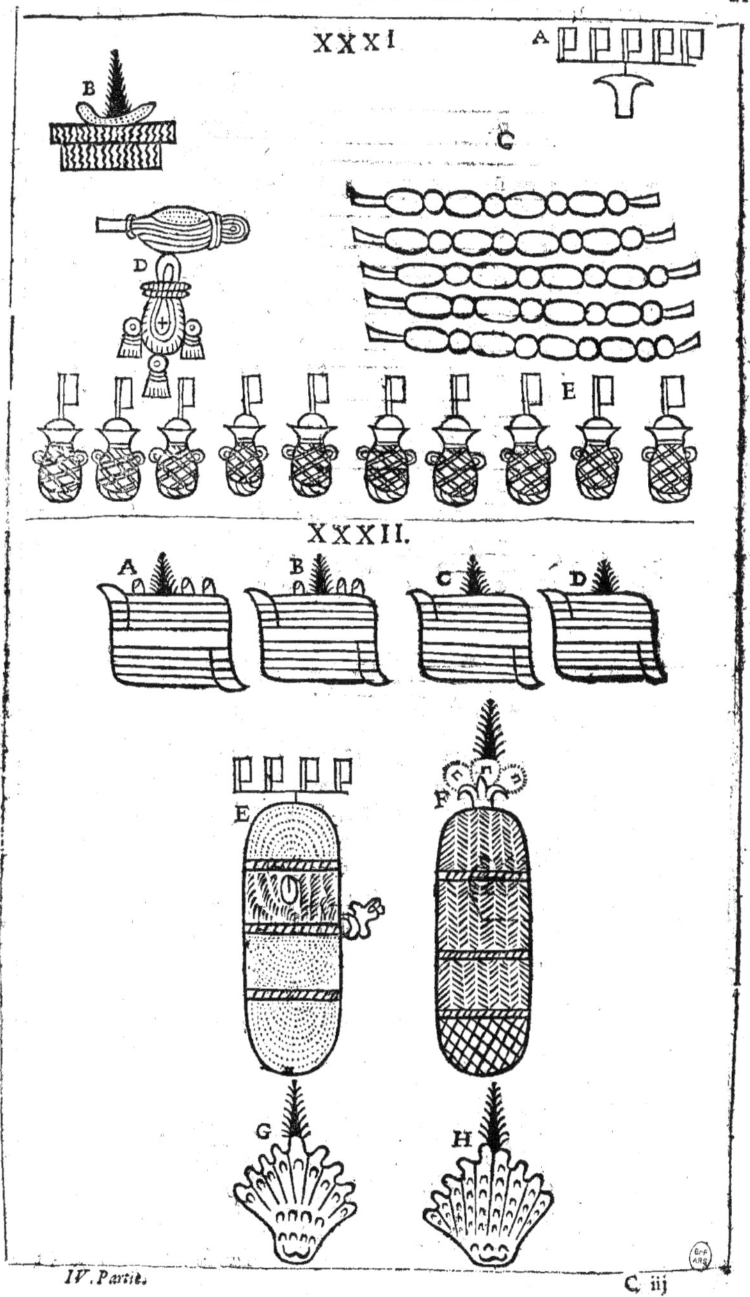
XXXI
A
B
C
D
E
XXXII.
A
B
C
D
E
F
G
H

XXXIII.

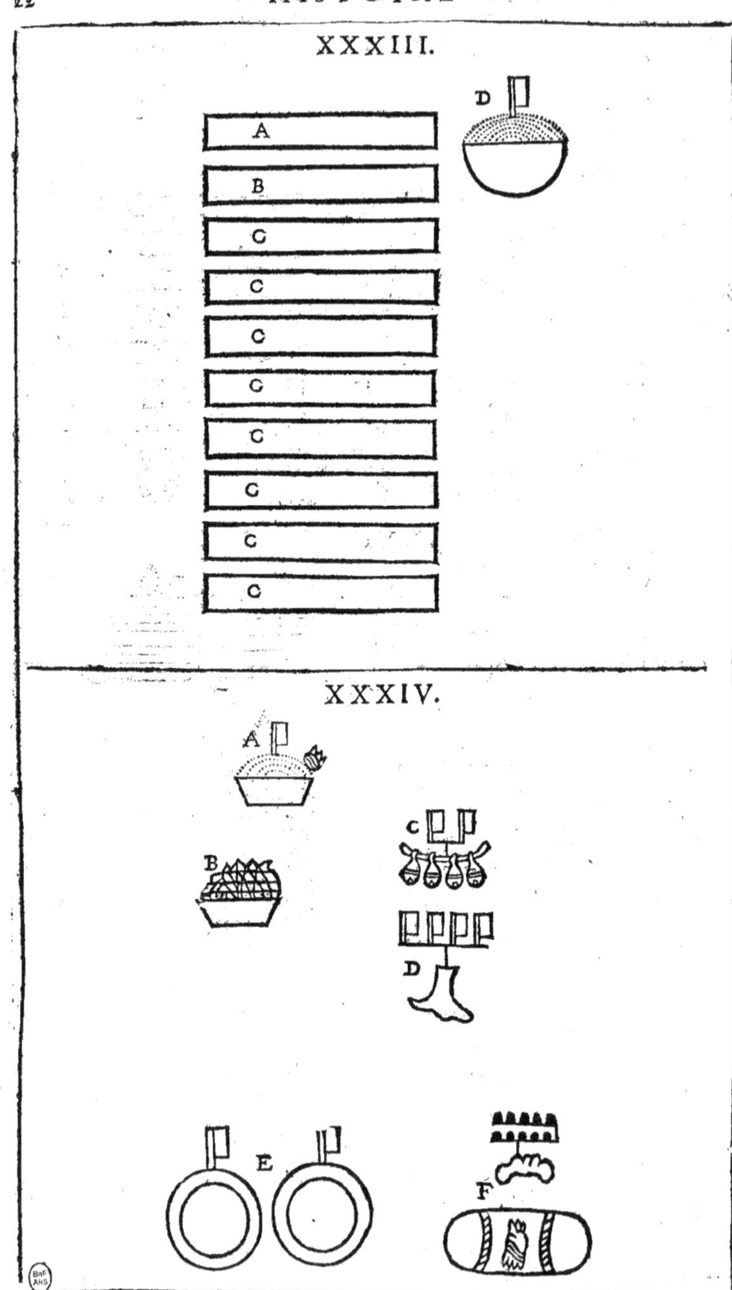

XXXIV.

XXXV.

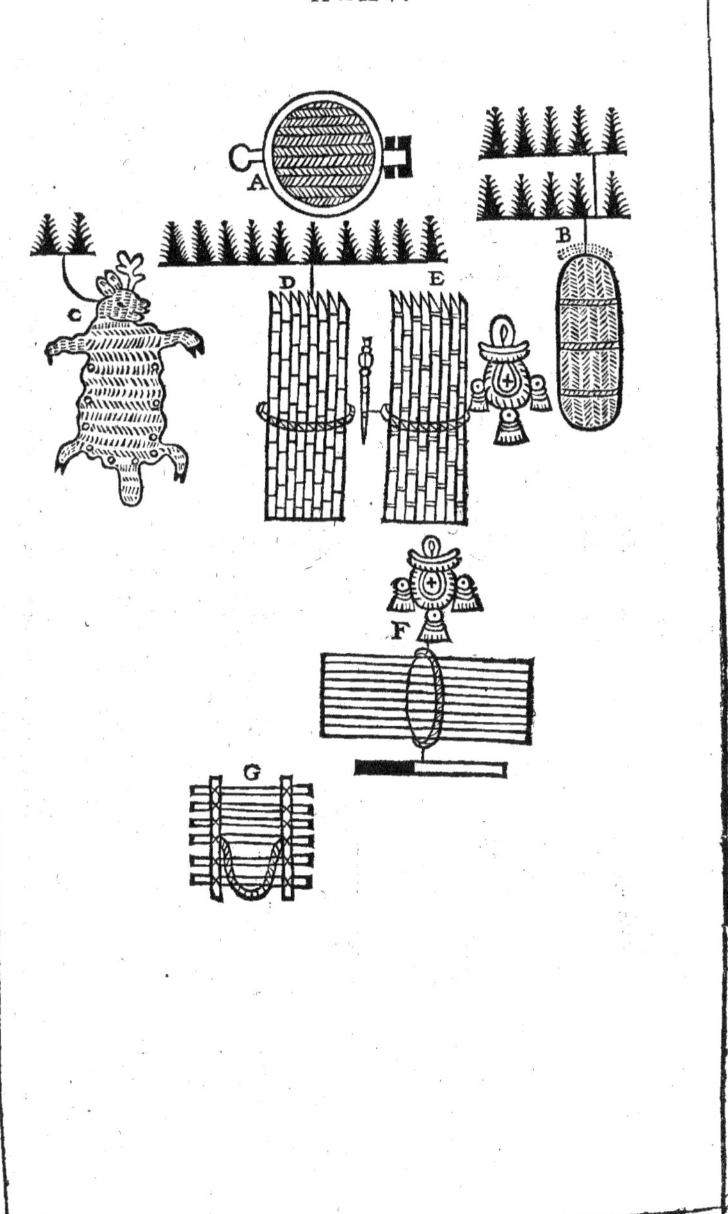

XXXVI.

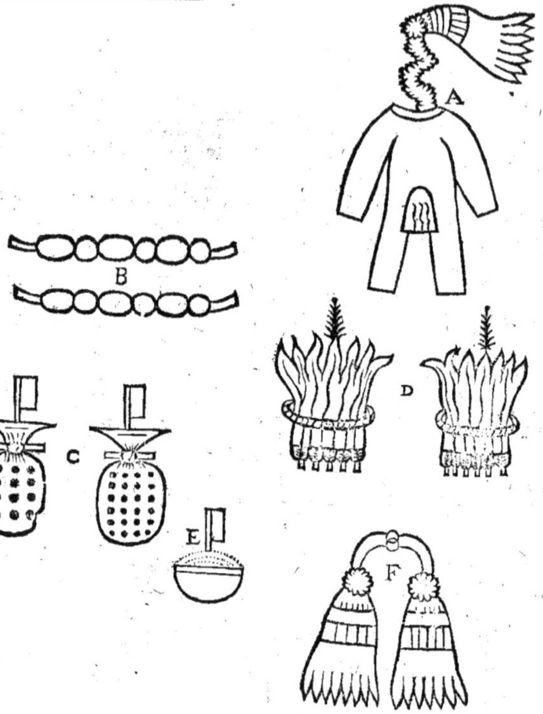

XXXVII.

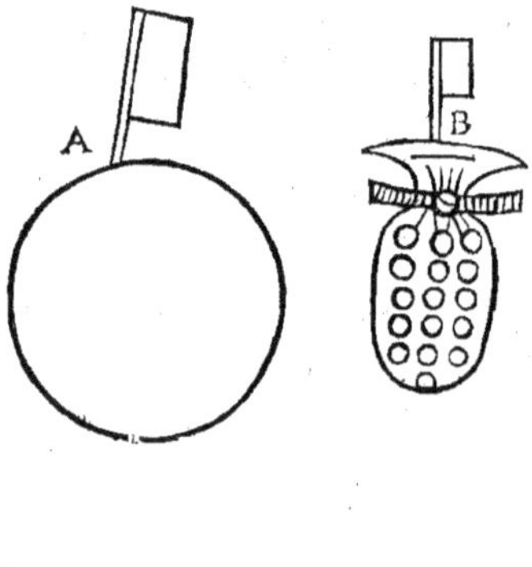

XXXVIII.

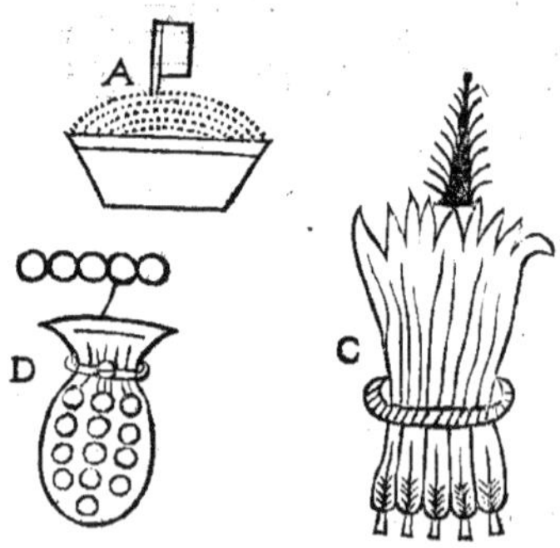

XXXIX.

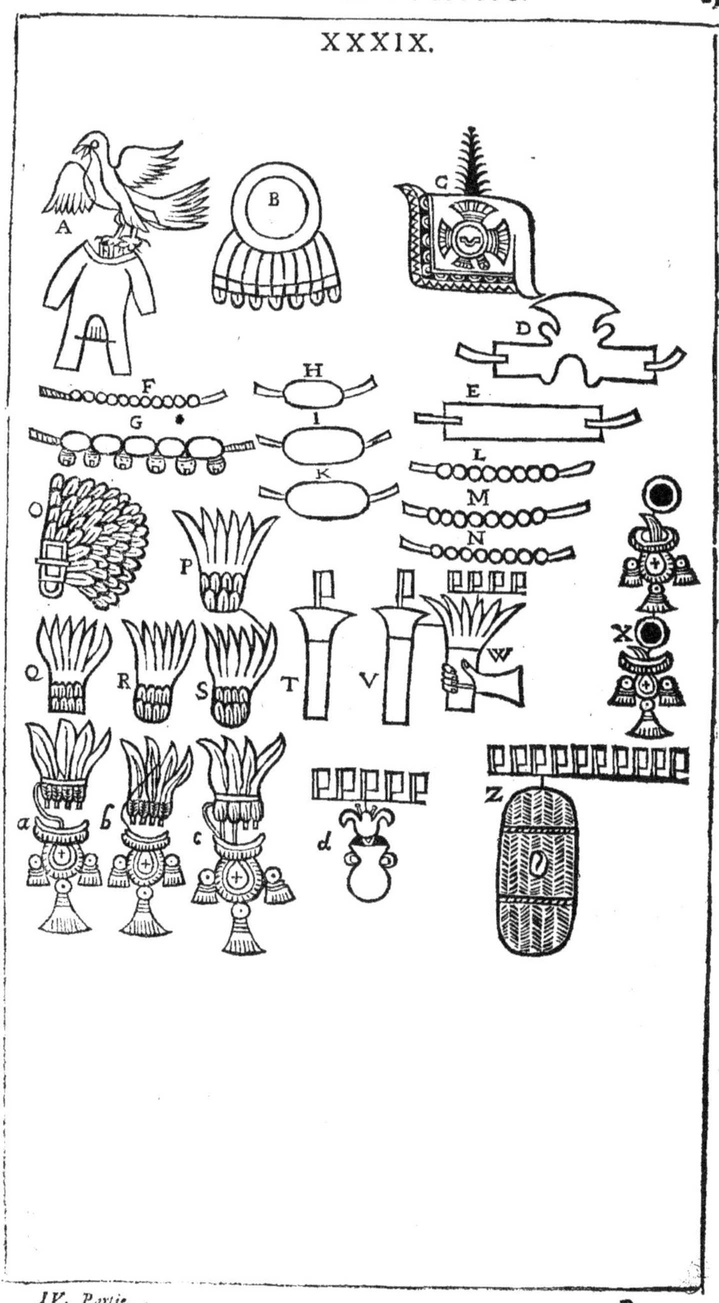

XL.

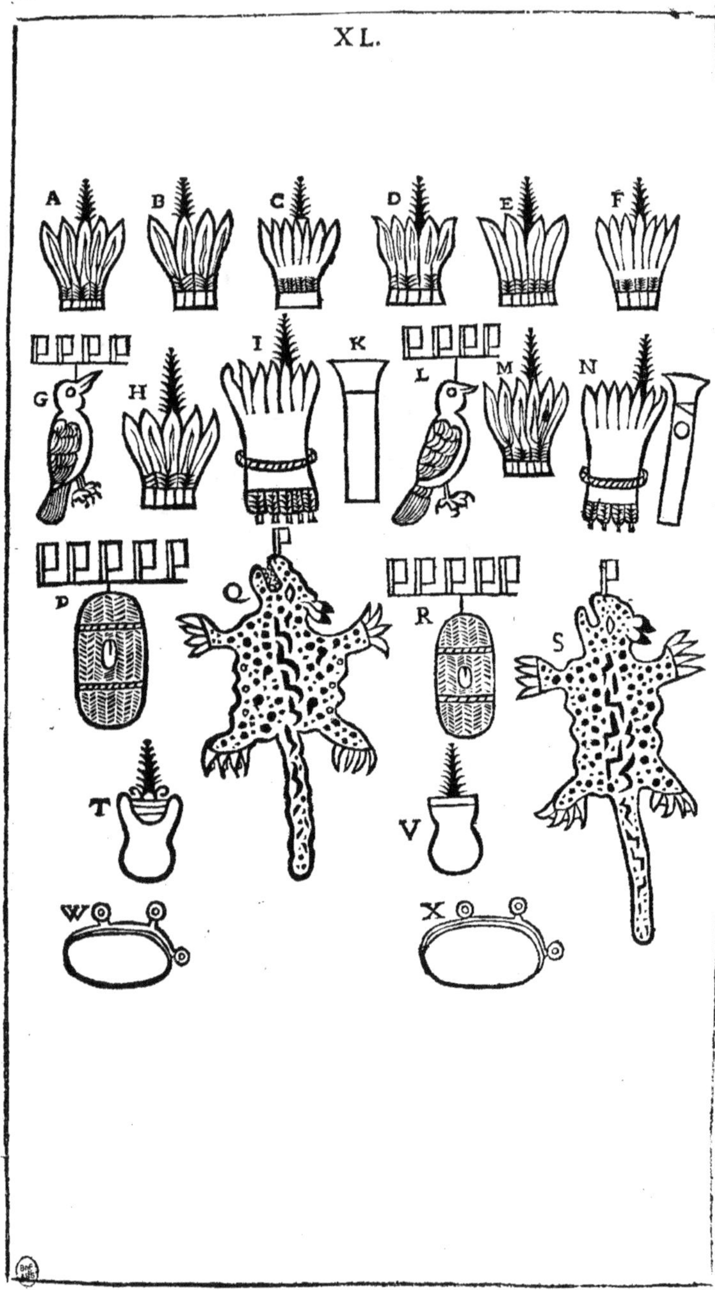

XLI.

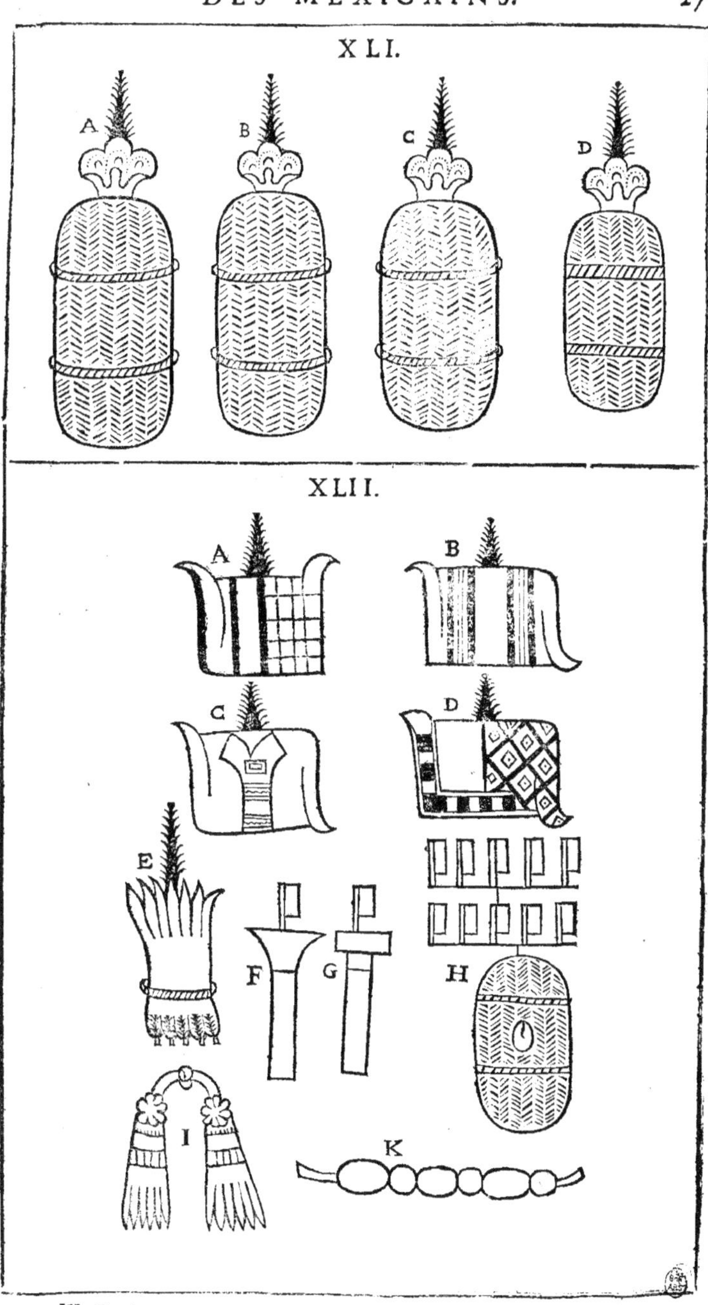

XLII.

XLIII.

XLIV.

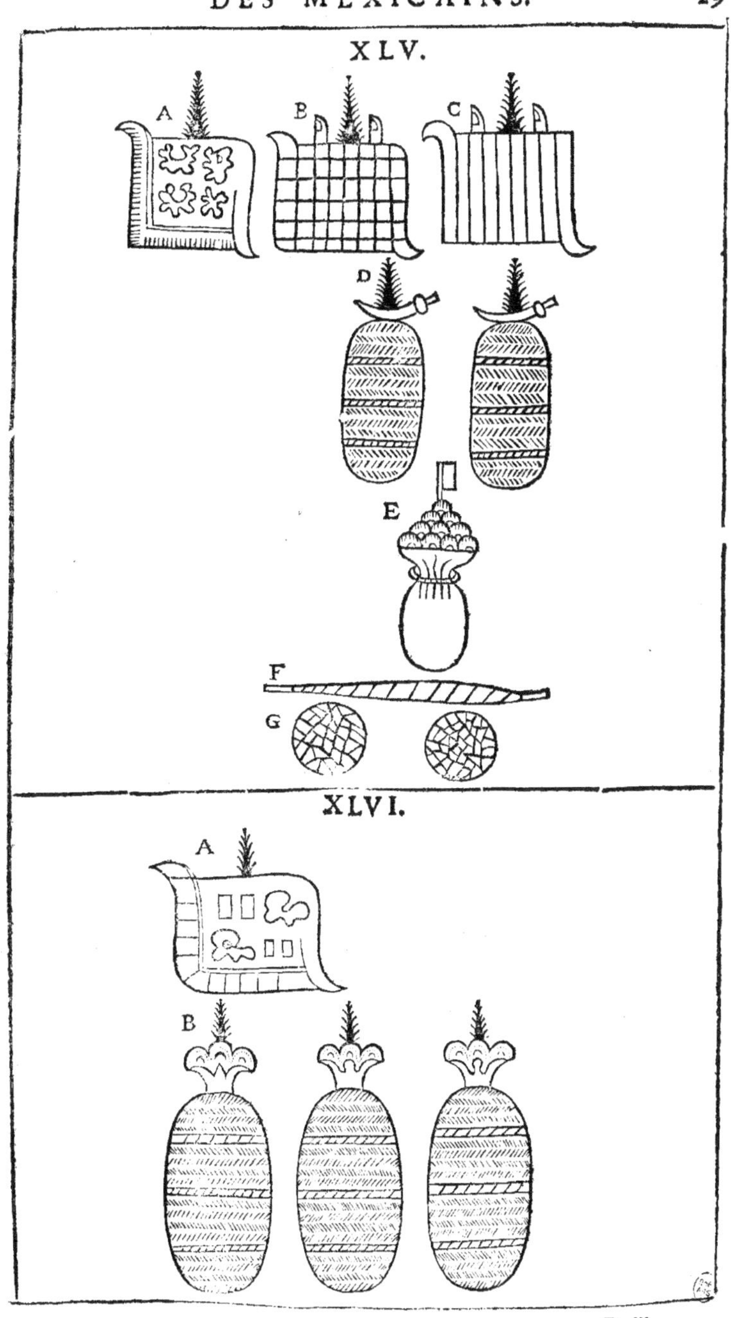

XLVII.

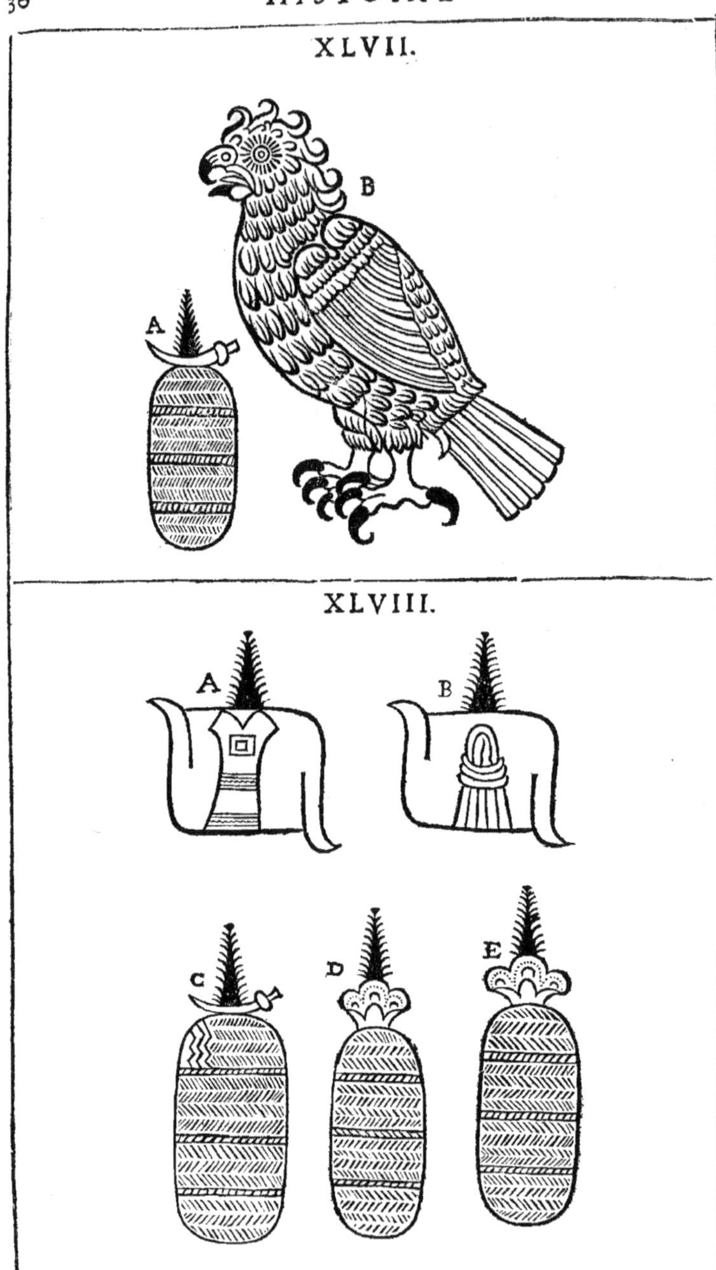

XLVIII.

XLIX.

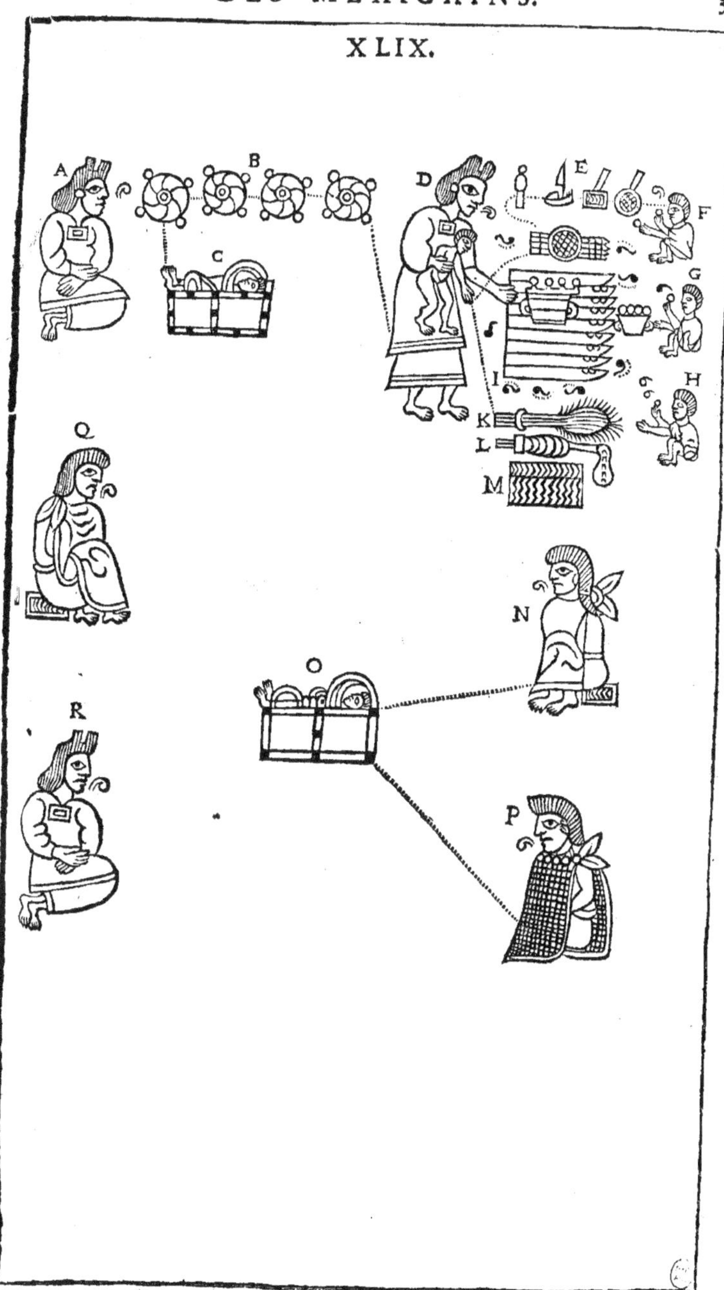

L.

LI.

LII.

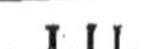

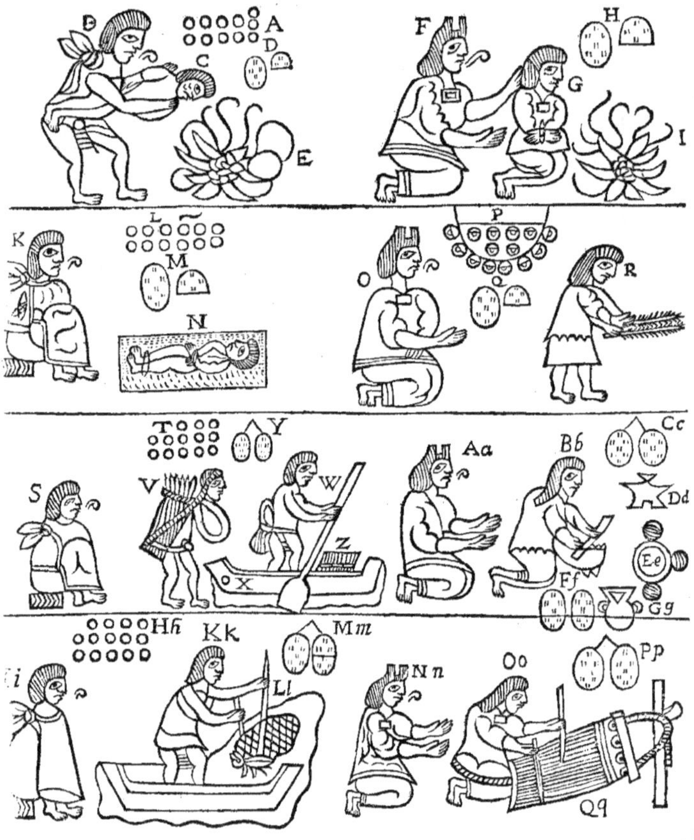
A
B
C
D
E
F
G
H
I
K
L
M
N
O
P
Q
R
S
T
V
W
X
Y
Z
Aa
Bb
Cc
Dd
Ee
Ff
Gg
Hh
Ii
Kk
Ll
Mm
Nn
Oo
Pp
Qq

LIII.

LIV.

LV.

LVI.

LVII.

LVIII.

LIX.

LX.

LXI.

LXII.

LXIII.

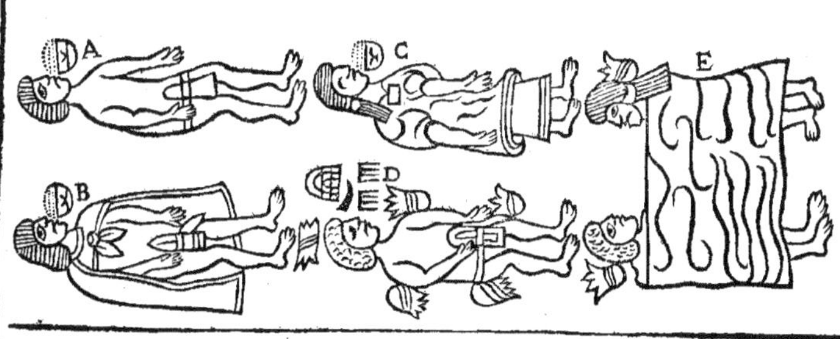

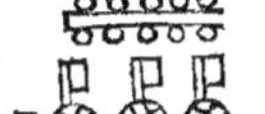

HISTOIRE
DV MEXIQVE
PAR FIGVRES

EXPLIQVE'ES EN LANGVE MEXICAINE,

Et depuis en langue Espagnole.

Avis tiré du Recueil de Purchas.

E ne fut pas sans peine que le Gouverneur du Mexique tira des mains de ceux du pays cette Histoire avec une interpretation en langue Mexicaine des figures qui la composent. Il fit traduire cette explication de la langue Mexicaine en Espagnol. Le vaisseau dans lequel on l'avoit mise pour l'envoyer à l'Empereur Charles V. fut pris par un François, & tomba entre les mains d'André Thevet. Hacluyt qui estoit alors Aumosnier de l'Ambassadeur d'Angleterre en France, l'acheta depuis des heritiers de Thevet, & fit en sorte qu'un nommé Locke la traduisit d'Espagnol en Anglois, par l'ordre de Walter Raleigh. Henry Speelman, si connu des gens de lettres par ses sçavans ouvrages, obligea Purchas quelques temps aprés d'en faire tailler les figures, qui se sont conservées par ce moyen, & que l'on donne icy au public.

Ce livre, ou plûtost ce recueil de figures, est divisé en trois parties. Les figures de la premiere contiennent les annales de l'Empire du Mexique : La seconde, ses revenus, ce que chaqu'une de ses bourgades payoit de tribut, avec les richesses naturelles dont elles jouissoient : l'œconomie des Mexicains, leur discipline en temps de paix & en temps de guerre, leur pratique en matiere de religion & de politique, sont la troisiéme partie de cette histoire.

PREMIERE PARTIE.

L'An 1324. un peuple nommé Meçiti, aprés avoir erré çà & là durant plusieurs années, arriva enfin au lieu où est maintenant bastie la ville de Mexique. C'estoit alors un marais couvert de roseaux, & de ces joncs qu'ils nomment Tuli. Un ruisseau d'eau tres-claire, marqué par la lettre *T*, coupoit en forme de croix l'estenduë de ce marais, & une roche marquoit le point où les deux branches de ce ruisseau se croisoient. Dans cette roche un grand Tunal, ou figuier des Indes, *M*, avoit piqué ses racines ; un aigle *N* avoit choisi cet arbre pour retraite.

FIGVRE premiere.

G ij

Ces peuples aprés avoir couru tout le pays d'autour, y avoir trouvé beaucoup de venaifon & de gibier, & fon ruiffeau fort poiffonneux, refolurent de s'habiter dans un lieu
où ils trouvoient tant d'avantages, & celuy-là encore d'y eftre à couvert des infultes de
leurs ennemis. Ils baftirent donc une grande ville *O*, entre ces rofeaux & ces joncs ; le
marais luy fervoit d'un grand foffé : ils la nommerent Tenuchtitlan, à caufe du Tunal
ou figuier qu'ils trouverent fur la roche ; car Tenuchtitlan en Mexicain fignifie un Tunal qui a cru fur une roche.

Les Meçiti, nommez depuis Mexicains, eftoient alors gouvernez par ces dix Chefs,
Acacitli *A*, Quapan *B*, Ocelopan *C*, Aguexotel *D*, Tecinenh *E*, Tenuch *F*, Xomi-
nitel *G*, Xocoyol *H*, Xiuhcaqui *I*, & Atotel *K* ; d'entre lefquels ils élûrent Tenuch
pour leur General.

Quelques années aprés cet établiffement ils fe trouverent beaucoup augmentez en
nombre, le courage leur crut de mefme ; ils fe mirent en campagne, & leur premiere
conquefte fut celle de deux peuplades voifines, Coluachan *P*, & Tenaiucan *Q* ;
que Tenuc conquit *R* par la force de fes armes *L*, qui eftoient une targe, & un dard,
les habitans de ces bourgades & leur captivité *S*. Son regne fut de cinquante & un an,
marquez par les compartimens *V*, dont chacun vaut un an. *Dans l'original Mexicain ces compartimens eftoient peints en bleu.*

<table>
<tr><td>F I G V R E
II.</td><td>

L'an 1375. Acamapichtli *B*, fucceda au gouvernement des Mexicains ; il conquit
par fes armes *C*, les bourgades de Quaunahuac *D*, Mizquic *G*. Caitlahuac *H*, & Xo-
chimilco *I*. L'amour eftoit la paffion dominante de Acamapichtli, auffi avoit-il plufieurs
femmes, toutes filles des principaux Seigneurs Mexicains ; il en eut quantité d'enfans,
qui augmenterent le nombre des Cafiques, & des gens de guerro, & rendirent leur
peuplade plus puiffante.

Acamapichtli eft peint deux fois dans cette figure, dans la premiere *B*, la figure
qu'il a fur la tefte marque comme il commence à regner, & dans celle *E*, il eft re-
prefenté en conquerant ; la ligne courbe qui l'attache avec le 8e des compartimens
qui marquent les années, fignifie que la huitiéme année de fon regne il fubjugua les
quatre bourgades nommées cy-deffus. Les quatre teftes *F*, font les habitans des mef-
mes bourgades, & ce qui en fort font leurs enfeignes. Le regne de Acamapichtli
fut de vingt & un an *A*.</td></tr>
</table>

<table>
<tr><td>F I G V R E
III.</td><td>

L'an 1396. Huiçilihuitel fucceda à Acamapichtli fon pere, & regna vingt & un an,
A. Il foûmit à la domination des Mexicains par la force de fes armes *G*, Toltitlan
B, Quanztitlan *C*, Chalco *D*, Tulancinco *H*, Xaltocan *I*, Otunpa *K*. Acolma *L*, &
Tezenco *M*, huit bourgades ainfi nommées. La figure *E*, n'eft pas expliquée, non plus
que plufieurs autres aufquelles le graveur a mis des lettres, pour moy je croy qu'elle
marque que Huiçilihuitel commença fes conqueftes la feptiéme année de fon regne.
Huiçilihuitel *F*, eftoit fort guerrier, & addonné aux femmes ; il eut plufieurs enfans de
fes concubines, & augmenta encore par là la puiffance des Mexicains.</td></tr>
</table>

<table>
<tr><td>F I G V R E
IV.</td><td>

L'an 1417. Chimalpupuca *B*, fucceda à Huiçilihuitel fon pere ; il conquit par la
force de fes armes *C*, les bourgades de Texquiquiac *D*, & une autre fort grande,
nommée Chalco *E*. Quelques années aprés Chalco fe revolta *G*, il y eut cinq Mexi-
cains de tuez dans la meflée *I*, les habitans de Chalco leur rompirent quatre canots
H, Chimalpupuca regna dix ans *A*, & laiffa plufieurs enfans de fes concubines.</td></tr>
</table>

<table>
<tr><td>F I G V R E
V.</td><td>

L'an 1427. Yzcoatçi fils de Acamapich qui avoit efté General des Mexicains, fuc-
ceda à Chimalpopuca ; il conquit par la force de fes armes *F*, vingt-quatre bourga-
des Azcapucalco *B*, Coyvacan *C*, Teocalhucyacan *D*, Guaguacan *G*, Tlacopan *H*,
Atlacuihuayan *I*, Mixcoac *K*, Quauximalpan *L*, Quauhtitlan *M*, Tupan *N*, Acolhua-
can *O*.</td></tr>
</table>

<table>
<tr><td>F I G V R E
VI.</td><td>

Mizquic *A*, Cuitlahuac *B*, Xochinuicopu *C*, Chalco *D*, Tlatiluleo, avec Quauhtlatoa
fon Seigneur *E*, Huicilapan *F*, Quauhnahuac *G*, Cuecalan *H*, Caqualpan *I*, Iztepec *K*,
Xiuhtepec *L*, Yoalan *M*, & Tepequacnilco *N*. Yzcoatci fut auffi vaillant que Aca-
mapich, avec cela homme de bon fens ; il eut plufieurs concubines, dont il laiffa
fept enfans, il regna treize ans *A*.</td></tr>
</table>

<table>
<tr><td>F I G V R E
VII.</td><td>

L'an 1440. Guegue Moteçuma fils de Huiçilihuitel fucceda à Yzcoatçi. Durant fon
regne qui fut de 29. ans *A*, il rendit tributaires par la force de fes armes *D*, les trente-
trois bourgades fuivantes. Coayxtlahuacan avec Atonal qui en eftoit Seigneur *B*, Ma-
malhuaztepec *E*, Tenanco *F*, Tetuitepec *G*, Chinconquiancho *H*, Xiuhtepec *I*, Totola-
pan *K*, Chalco *L*, Quauhnahuac *M*, Atlatlanhca *N*, Huaxtepec *O*.</td></tr>
</table>

Yauhtepec *A*, Tepuztlan *B*, Tepatzcinco *C*, Yacapichtlan *D*, Yoaltepec *E*, Tlachco *F*, Tlalcocauhtitlan *G*, Tepequacuilco *H*, Quiyanteopan *I*, Chontalcoatlan *K*, Hucipu-chtlan *L*, Atotonilco *M*, Axocopan *N*, Tulan *O*, Xilotepec *P*, Yzquincuitlapilco *Q*, Atotonilco *R*, Tlapacoyan *S*, Chapolixitla *T*, Tlatlauhquitepec *V*, Cuetlaxtlan *X*; & Quanhtochco *Y*.   F I G V R E VIII.

Guegue Motezuma estoit homme d'esprit , aimoit la vertu , grand ennemy de toutes fortes de vices, bon à ses sujets, point adonné aux femmes, fort sobre , & fort severe à punir l'yrongnerie. Il fit divers Reglemens pour le bien de son Estat ; Sa Justice, sa Sagesse , & ses bonnes Mœurs , le firent craindre , & respecter de ses sujets ; il laissa deux enfans.

L'an 1479. Axayacaci *B*, Fils de Teçoçomoetliquieto , succeda à Gueguemotezuma. Il conquit par la force de ses armes *C*, les 37. Bourgades suivantes, Tlatilulco, Atlapulco, Xalatlanhio , Tlacotepec , Motepec , Capulnac , Ocoyacac; Quanhpanoayan , Xochiacan , Teotenanco , Caliymayan , Cinacantepec , Tulucan , Xiquipilco , Tenancinco , Tepeyacac , Tlaximaloyan , Oztoma, Xacotitlan, Ocuilan , Oztoticpac, Matlatlan, Cuezcomatlyacac, Tecalco, Cuetlaxtlan , Puxcauhtlan, Alcuilizapan, Tlaolan, Mixtlan , Cuecaloztoc , Tetzapotitlan , Miquizetlan , Tamuoc , Taupatel, Tuchpan , Tenexticpac,& Quauhtlan. D'entre ces bourgades Tlatilulco luy fit beaucoup de peine à subjuguer : car Moquihuix son Gouverneur estoit brave,& fort puissant; & quoy qu'il eut esté autrefois fort bien avec les Seigneurs du Mexique ; il se broüilla avec eux, & ils en vinrent plusieurs fois aux mains, mais enfin ayant eu du pire dans une bataille, il se sauva dans un Cu, ou Temple ; là ne pouvant souffrir les reproches qu'un Sacrificateur luy fit de sa fuite, il se jetta du haut du Temple. Axayacaci fut vaillant, & fort adonné aux femmes, dont il eust plusieurs enfans. Sa severité & sa bravoure le firent craindre & respecter de ses sujets. Les Loix & les Ordonnances établies par Gueguemotezuma son Predecesseur,furent exactement suivies durant son regne qui fut de douze ans , *A*.   F I G V R E IX.

L'an 1482. Tizoziatzi *B*, succeda à Axayacaci son pere. Il conquit par ses armes *C*, les quatorze Bourgades suivantes, Tonahymoquezayan , Toxico, Ecatepec , Zilan, Tecaxic , Tuluca, Yancuitlan , Tlapan, Atezcahuacan, Mazatlan, Xochiyetla , Tamapachco, Ecatlyquapochco, & Miquetlan. Les preuves de courage,& de conduite qu'il fit paroistre en plusieurs rencontres, luy acquirent le titre de Tlaxcatecatel, ou grand Capitaine, sans lequel l'on ne pouvoit pretendre au Gouvernement des Mexicains ; Ainsi son grand pere, son pere , & ses freres avoient merité ce mesme titre ; & par là estoient parvenus à l'Empire. Il eut plusieurs enfans de ses femmes , fut fort respecté de ses sujets à cause de sa vertu, & de sa gravité ; il tint la main à l'execution des Loix , & à la punition des crimes. Les 5. années de son regne *A*, se passerent avec une grande Police, & beaucoup de moderation.   F I G V R E X.

L'an 1486. Ahuizozin *B*, frere de Tiçoçicatzi fut éleu General des Mexicains; Il conquit par la force de ses armes *C*, les 45. Bourgages suivantes, Tziccoac, Tlappan,Molanco, Amaxtlan, Zapotlan, Xaltepec, Chiapan, Tototepec, Xochtlan, Xolochiuhylan, Cozaquanhtenanco, Coçohuipilecan, Coyuacac, Acatepec,Huexolotlan,Acapulco, Xiuhhuacan , Apancalecan , Tecpatepec , Tepechiapco , Xicochimalco , Xiuhteczacatlan , Tequantepec, Coyolapan , Yztactlalocan , Teocuitlatlan , Huchaetlan , Quanhxayacatitlan , Yzhuatlan , Comitlan, Nantzintlan, Huipilan, Cahualan, Yftatlan, Huiztlan, Xolotlan, Quanhnacaztlan, Macatlan , Ayanhtochivitlatla , Quanhtlan , Cuecalcuitlapila, Mapachtepec, Quauhpilolan, Tlacotepec, & Mizquitlan. Il fut égal à son frere pour sa bravoure , son bon naturel,& ses autres vertus. Il fit observer les Loix & Ordonnances, principalement celles de Guegue Moteçuma, & en ce temps l'Empire estoit devenu fort puissant & fort renommé: car il contenoit presque toute la nouvelle Espagne ; l'amour que les Mexicains avoient pour ce Prince, augmenta encore les bornes & la grandeur de l'Empire. Il eut plusieurs enfans de ce grand nombre de femmes qui estoit comme une marque de grandeur & de magnificence dans la Cour de ces Princes. Il estoit d'une humeur fort gaye , aimoit fort la Musique & ses Palais , ne manquoient jamais de ce divertissement ny le jour ny la nuit, il regna 16. ans , *A*.   F I G V R E XI.

L'an 1502. Moteçuma *C*, fils de Axayaçaçi qui avoit gouverné les Mexicains succeda à Ahuiçoçin ; C'estoit un Prince fort guerrier, il commença la cinquiéme année de son regne *B*, a conquerir par les armes *D*, les quarante-quatre Bourgades suivantes, Achiotlan, Zozolan, Nochiztlan, Tecutepec, Zulan, Tlaniztlan, Huilotepec, Yepatepec, Yztactlalocan, Chichihualtatacala , Tecaxic , Tlachinolticpac, Xoconochco, Zinacantlan , Huiztlan, Piaztlan, Molanco, Zaquantepec , Pipiyoltepec , Hucyapan, Tecpatlan , Amatlan,   F I G V R E XII.

IV. Partie.   H

Caltepec, Pantepec , Teoazinco, Tecoznihtla, Teochiapan, Zacatepec, Tlachquiyan-
cho, Malinaltepec, Quimichtepec, Yzquintepec, Zenzontepec, Quetzaltepec, Cuezco-
mayaxtlahuacan, Huexolotlan, Xalapan, Xaltianhnizco, Yoloxonecuila, Atepec, Mictlan,
Yztitlan, Tliltepec, & Comaltepec.

Chacune de ces Bourgades estoit gouvernée par un Casique, ou Gouverneur étably par
le General ou Empereur des Mexicains, afin de retenir les habitans dans l'obeïssance, & de
ramasser les tributs qu'ils devoient payer. Entre les Bourgades suivantes , Citlaltepec,
Quauhtochco, Mixcoatel, & Tlacatectel, avoient un Casique pour les gouverner, Zon-
panoo, Xaltocan, & Tlacatectli, de mesme Acalhuacan, & Tlacochtectli un Casique,
Tlacochtectli, un Casique, Tlacatecatel, un Casique, Qztomoa, Atzacan, Atlan, Ome-
quuh, & Tezcacoacacatel, un Casique, Tlilancalqui, un Casique, Xoconochco, & Teca-
potitlan, un Casique.

Motezuma estoit respecté & craint de ses sujets, principalement des Officiers de son Armée, & des principaux Seigneurs du Mexique, jusques à un tel point qu'ils n'osoient le regar-
der en face, & tenoient toûjours les yeux vers la terre en luy parlant, il regna avec plus d'authorité que pas un de ses Predecesseurs. Il estoit d'ailleurs grand Philosophe & Astrologue,
sçavant en toutes sortes d'Arts mais en celuy de la guerre , plus qu'en pas un des autres.
Il fit observer les Ordonnances établies par ses Predecesseurs depuis le regne de Guegue-
motecçuma; & il y en adjoûta mesme quantité d'autres pour le bien de ses Etats.

Il avoit plusieurs femmes toutes filles des principaux Seigneurs du pays, & de ses alliez;
qu'il épousoit selon la Loy du pays; & les enfans qu'il eut de ces mariages, quoy qu'en grand
nombre, estoient beaucoup plus estimez que ceux qu'il avoit de ses concubines. Ce grand
nombre d'enfans augmenta sa puissance, & l'estime de ces peuples chez qui c'est un merite
d'avoir beaucoup d'enfans. Il regna dix-huit ans, *A.* & mourut âgé de 53. ans.

La 16. année de son regne, les Mexicains sceurent qu'un an apres des étrangers viendroient avec une Flotte conquerir leur pays, Cortez y arriva en effet en ce temps-là. Il
estoit âgé de trente-cinq ans, environ lors qu'il fut instalé sur le Throsne. Un an apres sa
mort les Espagnols conquirent la Ville de Mexique, & le pays d'autour; & peu de temps
apres toute la nouvelle Espagne.

HISTOIRE DU MEXIQUE PAR FIGVRES
contenant les Tributs que chaque Ville & Bourgade estoit obligée de payer aux Empereurs Mexicains.

SECONDE PARTIE.

FIGVRE XIII. Yzcoatzi , & Axiacazi Empereurs Mexicains obligerent les habitans de Tlatilulco,
maintenant appellées Sant Jago par les Espagnols, lors qu'ils les soûmirent à leur obeïssance de reparer le Temple de Huiznahuac *A* , toutes les fois qu'il seroit necessaire ; a
fournir tous les vingt jours marquez par les cinq ronds *K*, dont chacun vaut cinq; quarante Vaisseaux *B , C*, tenant un demy muid environ, & dans chacun 1600 Amandes de
Cacao, moulües avec de la farine de Maiz, nommée Chianpinoli , 40. Vaisseaux *D , E*,
de mesme grandeur de Chianpinoli seule , & 800. charges de grandes Mantes *H , I*. Tlatilulco *N*, contribuoit de plus tous les ans 40. Cottes d'armes *F*, de plumes simples blanches
avec des rayes noires , & 40. autres *G*, de la mesme couleur , & barrées de jaune avec
leurs Targues *L , M*.

FIGVRE XIV. Les Bourgades de Xaxalpan, Yopico, Tepetlacalco, Tecoloapan, Tepechpan, Teque-
mecan, Huizilo, Pucheo, Colhuazinco, Cozotlan, Tepepulan, Olac, Acapan, Cuitla-
huac, Tezcacoa , Mezquis, Aochpanco, Tzapotitlan, Xico , Toyac , Tecalco , Tlaco-
xiucho, & Nextitlan, payoient de tribut tous les six mois 400. charges de Maxtlacs, ou habits legers *A*, 400. charges de Naguas , & de Huipiles * *B*, 2400. charges de grandes
Mantes de laine torse C. D. E. H. I. K. 800. charges de petites Mantes *F, G*, d'un riche
ouvrage , avec des compartimens rouges , bleus, jaunes , & verts. Et tous les ans 4. cottes
d'armes avec leurs Targues de plumes choisies L. M. N. O. P. Q. R. S.

* Ce sont des habits à l'usage des femmes.

FIGVRE XV. 1. Cotte d'armes avec sa Targue garnie de riches plumes *A*, *B*, 60. Cottes d'armes avec leurs

Targues faites de plumes communes C. D. E. F. G. H. 4. Caiſſons tenans chacun quatre ou cinq mille boiſſeaux de Feverolles, de Chian, de Maiz, & de Guautli, ou graine de Bletlos qui eſt le bled du pays.

Les Caſiques, ou Seigneurs de ces Bourgades reconnoiſſoient pour chef un Petlaxcalcatel, ou Gouverneur qui demeuroit dans la principale des Bourgades qui eſtoient ſous ſa Juriſdiction, & ainſi de toutes les autres Villes, & Bourgades, dont le Tribut eſt marqué dans les Figures qui ſuivent.

Acolmecalt, Calipixque, Acolhuacan, Huizilan, Tololzinco, Tlachyahnalco, Tepechpa, Aztaquemeca, Teacalco, Tonanitla, Zenpoalan, Tepetlaoztoc, Achnatepec, Tizatep, Contlan, Yxquenecan, Matixco, Teneazcalapan, Tyzaincan, Tepetlapan, Caltahualco, Tecoyncan, Tlaquilpan, Quauhquemecm, Epazuincan, Ameyalco, Quauhyocan, & Ecatepec, payoient de Tribut deux fois tous les ans 2000. charges de grandes Mantes de laine torſe; 1200. charges de Mantes de Canahuac pour les Caſſiques; 400. charges de Maxtlacs, ou d'habits legers; 400. charges de Naguas, & de Huipiles. Elles payoient de plus une fois par an trois Cottes d'armes avec leurs Targues garnies de plumes d'elite; 400. charges de Mantes *A*, rouges, & bordées de compartimens par quatrez bleüs, verts, rouges, & jaunes, 400. charges de Mantes blanches, & noires *B*.
FIGVRE
XVI.

4. Caiſſons *A*, *B*, de Feverolles, de Maiz, de Chian, & de Guaultli, ou bled du pays; 100. Cottes d'armes avec leurs Targues garnies de plumes communes; 20. cottes d'armes de plumes d'elite *C*. La pluſpart des choſes mentionnées cy-deſſus n'ont point eſté repreſentées dans cette Figure; parce qu'elles l'ont déja eſté dans les precedentes.
FIGVRE
XVII.

Toutes ces Generalitez payoient de ces Caiſſons pleins de Maiz, de Feverolles, de Chian, de & Guautli ou grain de Bletlos; ainſi dans les ſuivantes on les marquera ſous le nom de Caiſſons.

Les Bourgades de Quauhnahuac, Teocalcinco, Chimalco, Huiccilapan, Acatlicpac, Xochitepec, Miacatla, Molotla, Coatlan, Xiuhtepec, Xoxoutla, Amacoztitlan, Yztlan, Ocpayucan, Yztepec, & Atlichotoayan, payoient tous les ſix mois 8000. feüilles de papier *A*, c'eſt à dire 16000. feüilles par an. 2000. Taſſes de differentes grandeurs rouges, & jaunes B. C. D. E. F. 1200. charges de grandes Mantes de laine torſe; 800. charges de petites Mantes blanches: 1200. charges de petites Mantes blanches pour les Caſſiques; 400. charges de Maxtlacs; 400. charges de Naguas, & de Huipiles, ou habits de femmes. Ces Bourgades payoient encore tous les ans une fois 8. Cottes d'armes avec leurs Targues garnies de plumes rares de diverſes couleurs, & 4. Caiſſons.
FIGVRE
XVIII.

Les Bourgades de Huaxtepec, Xoxhimilcaçinco, Quauhtlan, Achuehuecpan, Anenequilco, Olintepec, Quauhnitlyxco, Zoupanco, Huizilapan, Taltitcapan, Coaçalco, Yzamatitla, Tepoztlan, Yanhtepec, Yacappichtla, Tlayacapan, Xaloztoc, Tecpazino, Nepopoalco, Atlatlauca, Totolapan, Aniilzinco, & Atlhuelic, payoient tous les ſix mois 400. charges de Maxtlactle; 400. charges de Naguas, & de Huipiles; 2400. charges de grandes Mantes de laine torſe; 800. charges de riches Mantes pour les Caſſiques; 2000. Couppes vernies A. B. C. D. E. 8000. feüilles de papier *F*. Elles payoient de plus tous les ans 40. Cottes d'armes avec leurs Targues garnies de plumes de peu de valeur, 6. Cottes d'armes avec leurs Targues garnies de riches plumes, & quatre Caiſſons.
FIGVRE
XIX.

Les Bourgades de Quauhtitlan, Tehuiloyocan, Ahuexoyocan, Xalapan, Tepoxaco, Cuezcomohuacan, & Xilozinco, payoient tous les ſix mois 400. charges de Mantes fines *A*, avec des compartimens rouges, jaunes, &c. 400. charges de Mantes bordées de carreaux blancs & noirs *B*; 400. charges de Mantes blanches *C*, 4000. * Petates, ou Nattes; *D*, avec autant de ſieges de jonc, & d'autres herbes. *D*, De plus elles payoient tous les ans deux Cottes d'armes avec leurs Targues garnies de plumes rares; 40. Cottes d'armes avec leurs Targues garnies de plumes ſimples, & 4. Caiſſons.
FIGVRE
XX.

Chacun
des épics
vaut 400.

Les Bourgades d'Axocopan, Atenco, Tetepanco, Xochichiuca, Temohuayan, Tezcatepec, Myzquianhnala, Yzmyquilpan, Tlaahnililpan, & Tecpatepec, payoient tous les ſix mois 800. charges de riches Mantes; 400. charges de Mantes blanches, avec un bord blanc & noir: 800. charges de Mantes blanches: 400. charges de Naguas, & de Huipiles: & 400. grands pots de Miel de Maguez *A*. Et tous les ans 2. Cottes d'armes avec leurs Targues garnies de plumes rares: 40. Cottes d'armes garnies de plumes plus ordinaires, & 4. Caiſſons.
FIGVRE
XXI.

Les Bourgades de Atotonilco, Guapalcalco, Queçalmacan, Acocolco, Tehuchuec, Otlazpan, & Xalac, payoient tous les ſix mois 400. charges de Mantes pour les Caſiques: 400. charges de Mantes blanches bordées de blanc, & de noir: 800. charges de grandes Mantes de laine torſe: 400. charges de Chaux *A*, & tous les ans 2. Cottes d'ar-
FIGVRE
XXII.

garnies de plumes avec leurs Targues garnies de plumes rares : 40. Cottes d'armes avec
leurs Targues garnies de plumes plus ordinaires, & quatre caissons.

FIGVRE XXIII. — Les Bourgades de Haeypuchtla, Xalac, Tequixcuiac, Tetlapanaloyan, Xicalhuacan, Xo-
meyocan, Acayocan, Tezcatepetonco, & Atocpan, payoient tous les six mois 400.
charges de riches Mantes pour les Casiques : 400. chargés de Mantes blanches avec un
bord blanc & noir :800. charges de Mantes blanches d'Enequen : 400. pots de Miel de
Magnez. *A*, Et tous les ans 2. Cottes d'armes avec leurs Targues garnies de plumes
riches : 60. autres garnies de plumes simples: & 4. Caissons.

FIGVRE XXIV. — Les Bourgades d'Atotonilco, Acaxochitla, Xuachquecaloyan, Hueyapan, Itzihuin-
quilocan,& Tulancingo, payoient tous les six mois 400. charges de riches Mantes pour les
Casiques *A*, 400. charges de riches Mantes aussi pour les Casiques *B* : 1600. charges de
Mantes blanchesd'Enequen : & tous les ans 4. Cottes d'armes de plumes rares, & 4. Caissons *C*, *D*.

FIGVRE XXV. — Les Bourgades de Xilotepec, Tlachco, Tzayanalquilpa, Michnaloyan, Tepetitlan,
Acaxochytla, & Tecocauhtlan, payoient tous les six mois 400. charges *A*, de Naguas, &
de Huipiles fort riches : 400. chargés de Mantes pour les Casiques : *B*, 400. charges de mantes my-parties d'une bande rouge par le milieu: Et 800. charges de Mantes fort riches *D* : 400. charges de petites Mantes tres-riches *E*: Et tous les ans 1. 2. 3. ou plus Aigles
vivans *F*. 2. Cottes d'armes garnies de plumes tres-rares, & quatre Caissons.

FIGVRE XXVI. — Les Bourgades de Quahneocan, Tecpa, Chapolnoloyan, Tlalatlauco, Acaxochic, Ameyalco, Ocotepec, Huizquilocan, Coatepec, Quauhpanoayan, Tlalachco, Chichciquauhtla,
& Huitzicilapan, payoient de six mois en six mois 800. charges de petites Mantes d'un ouvrage riche : 800. charges de petites mantes d'Enequen. Tous les ans : 1. Cotte d'armes avec
sa targue couverte de plumes fines: 40. autres avec leurs targues garnies de plumes de moindre
valeur, & 4. Caissons : Tous les quatre jours 1200. charges de bois à brûler *A*. 1200.
grandes poutres, ou pieces de bois de charpante ; *B*. 2400. grandes planches de bois *C*.
& 1200. Solives *D*.

FIGVRE XXVII. — Les bourgades de Tuluca, Calixtlahuacan, Xicaltepec, Tepetlhuiacam, Mytepec, Ca-
pulteopan, Metepec, Cacalomata, Calymayan, Teotenanco, Zepemaxalco, & Zoquit-
zinco, payoient tous les six mois 400. charges *A*, de mantes blanches de cotton, avec des
compartimens par carrez gris, jaunes, rouges, & de couleur d'olive : 400. charges *B*, de
mantes d'Enequen avec des taches rouges, blanches, & noires: 1200. charges de mantes
blanches d'Enequen. Et tous les ans vingt cottes d'armes avec leurs Targues garnies de
plumes choisies : vingt autres avec des plumes plus communes, & six caissons *C*, *D*, *E*.

FIGVRE XXVIII. — Les Bourgades de Ocuilan, Tenantinco, Tequaloyan, Tenatinho, Coatepec, & Zin-
cozcar, payoient deux fois par an 800. charges de riches Mantes d'Enequen *A*: 400. charges de Mantes fines de cotton *B*: 400. riches mantes d'Enequen: 2000. briques ou morceaux
de Sel blanc raffiné *D*, qui se consumoit par les Seigneurs du Mexique : 1. Cotte d'armes
de plumes fort rares: 20. autresde plumes simples : & 4. Caissons.

FIGVRE XXIX. — Les Bourgades de Malynalco, Zonpahnacan, & Xocotitlan, payoient tous les six mois
1200. charges de grandes Mantes d'Enequen blanches *A*. *B*. *C*. 400. charges des mesmes
Mantes brodées, & tous les ans une fois, 8. Caissons.

FIGVRE XXX. — Les Bourgades de Tlalcho, Acamylixtlahuacan, Chontalcoatlan; Teticpac, Nochte-
pec, Teotliztocan, Tlamacazapan, Tepexahnalco, Tzicapuçalco, & Tetenanco, payoient
tous les six mois 400. charges de Mantes de cotton fort riches : 400. charges de Naguas, & de
Huipiles : 1200. charges de Mantes blanches d'Enequen fort unies : Tous les 400.

[×] Dans la
figure la
Bourse avec
ses trois
houppes,
vaut 8000.

jours 200. pots de miel *A*, 1200. Couppes vernies de jaulne : 400. corbeilles remplies de
Copal blanc, qui est un espece de parfum : 8000. * Masses ou morceaux de Copale non
raffiné, enveloppées dans des feüilles de Palmiers : tous les ans 2. Cottes d'armes avec
leurs targues ornées de plumes rares, & deux Caissons de Maiz, & de Chian.

FIGVRE XXXI. — Les Bourgades de Tepequacuuilco, Chilapan, Ohnapan, Huitzoco, Tlachimalaca;
Yoallan, Cocolan, Atenanco, Chilacachapan, Telogoapan, Oztoma, Ychcliteopan,
Alahuiztlan, Cueçalan, qui sont situées dans les pays chauds ; payoient tous les six
mois 400. charges de Mantes piquées : 400. Mantes avec des bandes blanches, & noires:
400. charges d'autres Mantes fort riches : 400. charges de Naguas, & de Huipiles: 400.
charges de Mantes blanches: & 1600. charges de grandes Mantes. Et tous les quatre jours
100. Haches de cuivre *A*, 1200. Couppes vernies de jaune : 200. pots de Miel *E*, 400.
petites corbeilles de Copal blanc pour les Parfums *B*, 800. Masses ou morceaux de Copal non raffiné: Et payoient tous les ans une fois 2. Cottes d'armes de plumes rares: 20.

Cottes

Cottes d'armes avec leurs targues de plumes communes : cinq filets ou colliers C, de Pierres precieufes taillées en ovale, ou en rond , nommées Chalchihuitel & quatre Caiffons.

Les Bourgades Cihnatlan, Colima, Panotlan, Nochcoc, Yztapan, Petlatlan, Xihna- F I G V R E XXXII. can , Apancalecan, Coçohuipilecan, Coyuac, Zacatulan, & Xolochuthyan, payoient tous les fix mois 1600. charges de grandes Mantes avec des bandes orangées A. B C.D. 1400. char-ges de grandes Mantes de laine torfe : 400. charges de Cacao E : 400. balles de Cotton : 800. Cocquilles rouges femblables par leur figure à celles que portent les Pellerins.

Les Bourgades de Tlapan, Xocatlan, Ychncatepecpan, Amaxac, Ahuacatla , Acocoz- F I G V R E X XXIII. pan, Yoalan, Ocoapan, Huitzamela, Acuitlapan, Malynaltepec, Totomixtlahuacan, Te-tenanco, & Chipetlan, payoient tous les fix mois 400. charges de Naguas, & de Huipiles: qui font des habits pour les femmes : 400. charges de Mantes rouges : 800. charges de grandes Mantes : 800. Tecomates, ou Couppes à boire du Chocolate. Et tous les ans deux Cottes d'armes avec leurs Targues garnies de plumes choifies : 20. Couppes D, remplies de poudre d'or , dont chacune en tenoit deux fois plein les deux mains; & 10. plaques d'or A, B, C, larges de quatre doigts, longues de deux pieds & demy environ, & minces comme du parchemin.

Les Bourgades de Tlalcocauhtitlan, Tolymany, Quauhtecoma, Ychcatlan , Tepoz- F I G V R E XXXIV. titlan , Achnaçiçinco, Mitzinco, Cacatla, Quianhteopan, Olynalan, Quauhtecomatla, Qualac, Ychatla, Xala, Yoaltepec, Xhnacalco , Tzilacaapan, Patlanalan , Yxicayan, Ychcaatoyac, Chalco, Tecmilco, Tepuztlan, Xocoyoltepec, Malynaltepec, & Quauxu-mulco, toutes fituées dans un pays chaud, payoient de fix mois en fix mois : 2000. gran-des Mantes : 300. pots de Miel : 20. vaiffeaux A , remplis de Vernix jaune , nommé Tecoçahuitel, dont ils fe verniffoient la peau : 40. Grelots : 80. Haches de cuivre D. Et tous les ans cinq Cottes d'armes avec leurs Targues garnies de plumes rares : un Vaiffeau remplie de Turquoifes B: 40. Placques d'Or rondes E, de l'epaiffeur d'un travers de doigt: 10. ... de Turquoifes fort fines : une grande charge F, des mefmes Turquoifes, & douze Caiffons.

Les Bourgades de Tepeacan, Quechulac, Tecamachalco, Acatzinco, Tecalco, Yccohi- F I G V R E XXXV. nanco, Quauhtinchan , Chictlan, Quatlatlanhcan, Tepixic, Ytzucan, Quauhquechu-lan, Tconochtitlan, Huechuetlan, Tetenanco, Coat-teopanrlan, Zinco, Xpatlan, Na-cochtlan , Chiltecpintlan , Oztotlapechco , & Atczcahnacan; qui font fituées dans un pays chaud, payoient tous les quatre jours une Targue A , avec un efpece d'épée de bois armeé de taillans de Razoir , qui leur tenoit lieu de Coutelas : 4000. charges de Chaux B, 800. peaux de Daim C, 4000. charges D, de Cannes pleines au dedans, qu'ils nomment Otlatel : 8000. charges E, de Cannes à faire des Dards pour la Guerre : 8000. charges F, de Acayatel, qui eft un Parfum, ou Paftille pour la bouche , 200. Cacaxtles, ou efpece de chrochets à porter des charges fur le dos; & tous les ans quatre Caiffons.

Les Bourgades de Coayxtlahuacan , Texopan, Tamaçoladan , Zancuitlan, Tepuzcu- F I G V R E XXXVI. lulan , Nochiztlan , Xaltepec, Tamaçolan , Mictlan, Coaxomalo, & Cuicatla, fituées dans un pays temperé, payoient tous les fix mois 400. charges de Mantes picquées, & tres-riches : 400. charges de Mantes tiffuës de laine rouge , & noire : 400. charges de Maxtlaxcs , ou étoffes legeres propres à faire des ceintures , &c. 400. charges de Naguas, & de Huipiles; & tous les ans deux Cottes d'armes A , garnies de plumes choi-fies: deux Fils ou colliers B, de Pierres precieufes vertes, qu'ils nommoient Chalchihui-tel taillées en rond ou en ovale; 40. facs C, de graine de Cochenille : 800. poignées D , de grandes plumes vertes choifies , qu'ils nommoient Queçaly : 20. Couppes E , remplies de poudre d'or tres-fin , & un Talpilony F , de plumes rares pour feryir d'ornement à à l'étendart de l'Empereur.

Les Bourgades de Coyolan, Etlan, Quauxilotitlan, Guauxacac, Camotlan , Teo- F I G V R E XXXVII. cuitlatlan, Quautzontepec , Octlan, Teticpac, Tlalcuechahnayan, & Macuilxochic, fituées fous un climat temperé, payoient tous les fix mois 400. charges de Mantes pic-quées : 800. charges de grandes Mantes; quatre Caiffons : vingt placques d'or A , de l'épaiffeur d'un pouce, de la grandeur d'un plat ordinaire ; & vingt facs de Coche-nille B.

Les Bourgades de Tlachquiarico, Achiotlan , & Capotlan, auffi fituées dans un pays F I G V R E XXXVIII. chaud, payoient tous les fix mois quatre charges de grandes Mantes ; & tous les ans une Cotte d'armes garnie de plumes choifies : 20. Couppes A , remplies de poudre d'or : cinq facs D, de graine de Cochenille ; & 400. bouquets C , de plumes vertes choifies, nommées Queçaly.

Figvre XXXIX. Les Bourgades Tochtepec , Xayaco , Otlahtlan , Coçamaloapan , Mixtlan , Micha-pan , Ayotzintepec , Michtlan , Teotilan , Oxitlan , Tzynacanoztoc , Tototepec , Chinantlan , Ayoçintepec , Cuezcomatitlan , Puetlan , Teteutlan , Yxmatlatlan , Ayotlan , Tzotlan , & Tlacotlalpan , situées dans un pays temperé , payoient tous les six mois 1600. charges de Mantes pour les Casiques : 800. charges de Mantes avec un bord de compartimens rouges , blancs , & verts ; 400. charges *C*, de Naguas ; & de Huipiles , ou étoffes legeres ; Et tous les ans une Cotte d'armes *A*, avec sa Targue garnie de plumes rares: une Targue d'or *B*, un Diadéme d'or *D*, un bandeau d'or *E*, ou ornement de teste large comme la main, & mince comme du parchemin: deux colliers de pierres precieuses taillées en rond , & un collier d'or *F*, *G*, trois pierres precieuses *H*, *I*, *K*, de Chalchiuitel fort grandes ; trois colliers *L* , *M*, *N*, de grains de Chalchihuitel : un Ornement de teste *O*, de plumes jaunes fort rares fait en forme d'aîle d'oiseau : 4. poignées ou boucquets de plumes vertes choisies meslées de plumes jaunes *P*, *Q*, *R*, *S*: 20. Beçotes que la figure *T*, represente d'Ambre clair , enrichies d'or: 20. autres Becotes *V*, de Christal: 80. boucquets *Vv*, de plumes vertes choisies de Queçaly: 16000. boulles *X*, semblables à des Pelottes ou d'Oly, qui est une Gomme qui se tire d'un arbre ; ces pelottes , ou boulles rebondissent fort haut quand on les jette à terre ; 200. charges de Cacao *Z*, 8000. poignées *a*, de plumes fort rares d'un bleu de Turquoise ; 8000. autres poignées *b* , de plumes rouges ; 8000. poignées *c* , de plumes vertes ; 100. .... ou Pots *d*, d'Ambre liquide , & quatre colliers de grains d'une pierre qu'ils nomment Chalchiuitel.

Figvre XL. Les Bourgades de Xoconochco, Oyotlan, Coyoacan, Mapachtepec , Macatlan , Huiztlan, Acapetlatlan, & Huehuetlan, aussi situées dans un pays chaud, payoient tous les six mois deux grands filets ou coliers de pierres tres-estimées en ces quartiers de Chalchihuitel tres-riches 2400. poignées *A*, *B*, *C* , *D* , *E*, *F* , de plumes choisies bleuës , rouges , de couleur de Turquoises , & vertes ; 160. oiseaux morts d'un plumage de couleur de Turquoise sur le dos, & brun sous le ventre ; 800. poignées *M*, *H* , de plumes jaunes choisies ; 800. poignées *I* , *N* , de plumes vertes larges de Queçaly ; deux Beçotes *K* , *O* , d'Ambre transparent enrichies d'or ; 200. charges *P* , *R*, de Cacao ; 40. peaux de Tygre *Q* , *S* ; 800. Tecomates ou couppes, representées par les figures *T* , *V* , pour boire du Cacao; deux morceaux d'Ambre clair *Vv*, *X* , gros comme des bricques.

Figvre XLI. Les Bourgades de Quanhtocho , Teuhçoltzapotlan , Tototlan , Tuchonco , Ahuizapan , Quauhtetelco, & Ytzteyocan , situées sous un climat temperé , payoient tous les six mois 400. charges de grandes Mantes : Tous les ans vingt charges de Cacao , & 1600. pacquets de cotton *A* , B , *C* , *D*.

Figvre XLII. Les Bourgades de Cuetlaxtlan , Mictlanquauhtla , Tlapanicytlan , Oxichan, Acozpan, & Teoziocan , situées dans un pays chaud , payoient tous les six mois 400. charges *A*, de Naguas , & de Huipiles , qui sont des habits pour les femmes ; 400. charges *B* , de petites Mantes bordées de compartimens blancs & noirs ; 400. charges de Mantes *C*, demy picquées ; 400. charges de Mantes *D*, de quatre brasses chacune ; 400. charges de Mantes blanches de la mesme grandeur ; 160. charges de Mantes pour les Casiques 1002. charges d'autres Mantes : Tous les ans deux cottes d'armes avec leurs Targues garnies de plumes choisies ; 400. poignées *E*, de plumes vertes de Queçaly, 20. beçotes *F* , de Christal ombré de bleu , & enchassées dans de l'or , 20. beçotes *G*, d'Ambre clair enrichies d'or : 200. charges de Cacao *H*, & un Queçalclalpilon y que la figure *I*, represente de plumes vertes de Queçaly, qui servoient pour l'ornement de l'étendart de l'Empereur des Mexicains : un collier *K*, ou filet de pierres precieuses de Chilchihuitel.

Figvre XLIII. Les Bourgades de Tlapacoyan, Xoloxochitlan, Xochiquauhtitlan, Tuchtlan , Coapan , Aztaapan , & Açaçacatla , payoient tous les six mois 400. charges de Mantes *A*, blanches , avec des barres noires ; & 800. charges de grandes Mantes blanches. Tous les ans deux Cottes d'armes *B*, avec leurs Targues *C*, garnies de plumes choisies.

Figvre XLIV. Les Bourgades de Tlatlauhquitepec , Atenco , Tezuitlan , Ayutuchco , Yayauquitlalpa, Xonoctla, Teotlalpan , Ytztepec , Yxcoyamec , Yaonahuac , & Caltepec, payoient tous les six mois 1600. charges *A*, de Mantes blanches avec des barres noires : 8000. masses *B*, ou morceaux d'Ambre liquide de Xochiococoltel *C* , pour les parfums. Et tous les ans deux Cottes d'armes avec leurs Targues garnies de plumes choisies.

Figvre XLV. Les Bourgades de Tuchpan, Tlatiçapan , Chinanteopan , Papantla , Oçelotepec , Miachnaapan , & Mictlan , payoient tous les six mois 400. charges *A*, de Mantes : 400. charges d'autres Mantes *B*, avec des barres rouges & blanches : 400. charges de Mantes *C*, avec des barres vertes , jaunes , & rouges : 400. charges de Maxtlacts , ou Etoffes

legeres : 400. charges de mantes blanches de quatre braſſes chacune : 800. charges de
mantes de huit braſſes avec des barres orangées, & blanches : 400. charges de mantes
blanches de huit braſſes : 400. charges de Naguas, & de Huipiles, qui ſont des habits
pour les femmes : 240. charges de mantes rouges, blanches, & noires, pour les Caſſiques. Et tous les ans deux Cottes d'armes garnies de plumes tres-riches : 800. charges
D, d'Axi, ou Poivre long ſec : 20. ſacs *E*, de petites plumes blanches, qui ſervent pour
parer & couvrir les mantes : 2. colliers de pierres de Chalchihuitel fort fines : un autre
de Turquoiſes *F* : deux rozes de Turquoiſes *G*.

Les bourgades d'Atlan, & de Teçapotitlan, payoient tous les ſix mois 800. charges *A*,   FIGVRE
de mantes d'un ouvrage tres-riche rouges, & blanches, avec un bord de compartimens   XLVI.
verts, rouges, jaunes, & bleus : 800. charges de Maxtlaōts, ou étoffes legeres : & 400.
charges de mantes blanches de quatre braſſes chacune; Et une fois tous les ans 1200. pacquets de cotton *B*.

La bourgade d'Oxitipan payoit tous les ſix mois 2000. charges de mantes de deux braſ-   FIGVRE
ſes chacune : 800. charges de mantes de quatre braſſes avec des barres bleues, jaunes,   XLVII.
rouges, & vertes. Et tous les ans 400. charges *A*, d'Axi, ou Poivre long : & deux, ou
trois Aigles envie *B*, plus ou moins ſelon que ſes habitans en pouvoient prendre.

Les bourgades de Ctzicoac, Molanco, Cozcatecutlan, Ychoatlan, & Xocogocan,   FIGVRE
payoient tous les ſix mois 400. charges *A*, de Naguas, & de Huipiles, qui ſont des   XLVIII.
habits pour les femmes : 400. charges *B*, de Maxtlacs, ou étoffes legeres : 400. charges
de mantes blanches de trois braſſes chacune ; Et tous les ans deux cottes d'armes couvertes de plumes choiſies : 400. charges *C*, d'Axi, ou Poivre long ſec ; & 800. pacquets
de cotton *D*, *E*.

HISTOIRE DV MEXIQVE PAR FIGVRES

*contenant l'Oeconomie des Mexicains, avec leurs couſtumes & leur
diſcipline en temps de Paix, & de Guerre.*

TROISIE'ME PARTIE.

CEtte Figure repreſente une accouchée *A*, dont l'enfant eſt mis dans un berceau *C*, &   FIGVRE
quatre jours apres marquez par les quatre ronds *B*, la Sage-femme *D*, le portoit tout nud   XLIX.
dans la court de la maiſon de l'accouchée, & le metroit ſur des Joncs nommez Tuli *I*, que
vous voyez étendus pour cet effet ; Il y avoit deſſus un vaiſſeau plein d'eau où la Sage-femme
lavoit l'enfant. Trois jeunes garçons *F*, *G*, *H*, aſſis proche ces Joncs mangent de l'Yxicue où
Maiz roſty meſlé avec des féverolles cuites, que la figure repreſente devant eux dans un autre vaiſſeau. La Sage-femme ayant lavé l'enfant, diſoit à ces garçons qu'ils le nom-
maſſent à haute voix du nom qu'ils luy voudroient donner. Lors qu'on portoit laver
l'enfant ſi c'eſtoit un garçon on luy mettoit à la main les outils *E*, dont ſon pere
ſe ſervoit ordinairement dans le Meſtier qu'il exerçoit, une Targue, & des Darts ; par
exemple, s'il eſtoit homme de guerre, &c. Et ſi c'eſtoit une fille, une Quenoüille, & un
Fuzeau *L*, un Panier *M*, un Ballet *K*, apres que cette ceremonie eſtoit achevée la Sage-
femme reportoit l'enfant à la mere. On enterroit la Targue & les Darts, ſi le pere
du garçon eſtoit homme de guerre, proche du lieu où aparament ils ſe devoient battre
contre leurs Ennemis, & les outils dont ſe ſervent les filles ſous une Metate, ou pierre
ſur laquelle ils peſtriſſent leurs Galettes. Si le pere *Q*, & la mere *R*, de l'enfant *O*,
vouloient qu'il fut d'Egliſe; Ils le portoient vingt jours apres au Temple de Calmecac
où ils l'offroient avec leurs preſens, qui conſiſtoient en Mantes, & quelque choſe à manger, & lors qu'il eſtoit en âge ils le mettoient entre les mains du grand Preſtre *N*, pour
l'inſtruire ſur le fait des Sacrifices. Et quand au contraire ils vouloient qu'il portaſt
les armes, ils l'offroient au Teachchauch *P*, ou Maiſtre dont la fonōtion eſtoit d'enſeigner
aux jeunes gens l'Art de la Guerre.

C, repreſente un garçon âgé de trois ans marquez par les 3. ronds *B*, auquel ſon pere *A*, donne   FIGVRE
des preceptes pour ſa conduite. Le garçon de cét âge avoit à chaque repas la moitié d'une   L.
galette *D*, la mere *E*, donne à ſa fille de cét âge *G*, les meſmes preceptes; & elle avoit

auffi une demie galette *F*, à chaque repas. Le Pere *H*, fait faire des chofes aifées à
fon fils âgé de quatre ans *I*, afin de l'accoûtumer de bonne heure au travail. Sa
ration à cét âge eft d'une galette *K*, à chaque repas; la mere *L*, prend le mefme foin de
fa fille de cét âge *N*, & luy apprend à filer; fa ration eft auffi d'une galette *M*.

F i g v r e Le pere *O*, fait porter au Tianguez ou marché à fes deux garçons âgez de 5. ans *P*, du bois
L I. 1° & d'autres fardeaux legers; Ils ont la mefme ration *Q*, *R*, la mere *S*, apprend à filer à fa fille *V*, du mefme âge; le pere *VV*, pour ne pas laiffer oififs fes garçons, les envoye lors qu'ils
ont 6. ans ramaffer dans le marché le grain, & les autres chofes que le hazard y a répandues;
la mere *Y* obferve le mefme à l'égard de fa fille, dont la ration augmente à l'âge de 6.
ans auffi bien que celle des garçons d'une galette *X*, *Z*. *Comme la figure feule explique*
affez ces rations, on ne l'expliquera pas davantage dans la fuite.

F i g v r e Le pere *A*, enfeigne à fon fils *D*, âgé de 7. ans *B*, comment il faut pefcher; la mere *E* fait fi-
L I. 2° ler du cotton à fa fille *G*, du mefme âge; le pere *H*, menace fon fils *L*, âgé de 8. ans *I*, de le piquer
avec des picquans de Maguez, ou plante femblable à l'Aloës, que la figure *L*, reprefente,
s'il ne fait pas fon devoir; la mere *M*, menace fa fille *P*, du mefme chaftiment. *T*, reprefente un garçon de neuf ans, *S*, fon pere *Q*, le pique par tout le corps avec de ces picquans
de Maguez, parce qu'il eft incorrigible; La mere *V*, chaftie de mefme fa fille *X*, horfmis qu'elle ne luy picque feulement que les poings. Un pere donne des coups de bafton à fon fils âgé
de dix ans *T*, à caufe qu'il eft faineant; la mere *A a*, chaftie de mefme fa fille *C c*.

F i g v r e Le pere *B*, aprés avoir éprouvé en vain toute forte de chaftimens pour corriger fon fils
L I I. *C*, qui a déja onze ans, luy tient le vifage expofé à de la fumée d'Axi, ou poivre long, *E*;
la mere *F*, chaftie auffi fa fille *G*, avec la mefme fumée. Un autre garçon de 12. ans *L*, que
fon pere *K*, met tout nud, les pieds & les mains liées, dans un lieu plein d'eau & de boüe
N, & l'y laiffe tout un jour; la mere *O*, fait ballayer la nuit, marquée par les ronds *P*, la
maifon & la ruë à fa fille *R*; le pere *S*, fait apporter des rofeaux à fon garçon *V*, âgé de
treize ans *T*; un garçon *VV*, mene un canot *X*, chargé de rofeaux *Z*; la mere *A a*, occupe fa fille *B* b, à peftrir des galettes, un .... *D d*, un .... *E e*, *F f*, un pot *G g*,
plein de viandes bouillies; vn garçon *K k*, âgé de quatorze ans, qui pefche dans un canot.
L l; la mere *N n*, montre à fa fille *O o*, à travailler des étoffes de laine *Q q*.

F i g v r e Le pere *A*, met un de fes garçons *B*, âgé de 15. ans entre les mains du Tlamacazqui *C*,
L I I I. ou Grand Preftre du Temple Calmecac *D*, pour l'inftruire & en faire un Preftre. Un
autre garçon *E*, du mefme âge *H*, que fon pere envoye à l'échole *G*, pour y eftre inftruit
par le Teachcauh *F*, ou maiftre qui inftruit la jeuneffe.

Lors qu'une fille fe marioit, l'Amanteza *I*, ou entremetteur du mariage, la portoit vers
le foir fur fon dos *VV*, chez le garçon qui la devoit époufer; il eftoit éclairé par quatre femmes *X*, *Z*, ayant chacune à la main une efpece de torche faite de bois de pin, marquées par
les chifres 1. 2. 3. 4; les parens du garçon viennent recevoir la fille à l'entrée de la cour de
la maifon, & l'introduifent dans une falle où le garçon l'attend, ils s'y affeyent fur des
fieges rangez fur une natte *O*, & toute la ceremonie du mariage confifte à noüer un coin du
bas de l'habit du garçon *L*, avec un coin de celuy de la fille *M*; ils offrent à leurs Dieux
par forme de facrifice du parfum de Copal *V*, qu'ils bruflent fur un vaiffeau où il y a du
feu; deux vieillards *I*, *R*, & deux vieilles femmes *N*, *V*, fervent de témoins du mariage.
V, *Pt*, reprefentent les viandes que l'on a fervies devant les nouveaux mariez. Les nouveaux mariez mangent aprés des viandes qu'on leur a fervies & boivent dans des
taffes *T*, du Pulque, reprefenté par le pot *S*; les vieillards & les vieilles femmes mangent auffi
& aprés le repas chacun exhorte en particulier les nouveaux mariez de bien vivre, dans
leur ménage.

F i g v r e Le plus vieux des Preftres du Temple occupe les Tlamacaz ou Novices, les uns à ballayer
LIV. le Temple *A*, les autres à apporter des branches d'arbres & d'autres verdures pour parer le
Temple *B*, *V*; il y en a qui ont foin d'amaffer de ces picquans de Maguez, pour tirer du fang
pour faire les Sacrifices *C*; d'autres apportent au Temple des rofeaux pour faire des fieges *D*,
ou fourniffent de bufches à brufler, pour y entretenir toûjours le feu *E*, *F*; les Preftres font
faire aux Novices tous ces differens fervices, & leur apprennent comment ils les doivent rendre, afin qu'ils en puiffent aprés faire des leçons à ceux qui feront fous leur conduite; le Preftre
H, pique le Novice *I*, avec des picquans de Maguez, à caufe qu'il n'a pas fait le devoir de fa
Charge. Deux autres Preftres *K*, *M*, puniffent de mefme le Novice, pour une pareille faute,
fi il s'eft abfenté trois iours, & qu'il les ait paffez en la maifon de fon pere, marquée par la
lettre *N*, on luy fait fouffrir le mefme chaftiment. *Dans l'Original Mexicain toutes les*
Figures des Preftres font peintes de couleur de gris cendré, ou de iaune.

Un pere

Un pere Q. donne son fils P. au Tequigna, ou vaillant Guerrier, O. pour luy enseigner le meftier de la guerre. Le Tequigna S. luy fait porter son bagage.

Un des principaux Preftres *A.* va la nuit, marquée par les ronds D. à la montagne pour y faire penitence. Il porte du feu, & une bourse remplie de parfum de Copal, & du ..... fur son dos pour facrifier au Diable; il eft fuivy d'un Novice B. chargé d'autres chofes pour le mefme Sacrifice. Un Preftre C. iouë la nuit E. d'un Inftrument de Mufique nommé Teponaztly. Un autre Preftre F. connoift la nuit l'heure qu'il eft, en obfervant les Eftoiles. Un ieune homme G. va à la guerre chargé d'armes & d'autres chofes. Les deux Telpuchtlatos ou Bedeaux H. L. iettent des tifons ardens à la tefte d'un ieune homme I. à caufe qu'il a efté furpris avec une femme, K. Un Preftre M. a foin de faire nettoyer le Temple. Deux autres Preftres N. Q. piquent le Novice avec des éclats de bois de pin pointus, O. à caufe qu'ils l'ont furpris avec une femme P. Quand un Novice S. devient defobeïflant, deux Telpuchtlatos, ou bedeaux R. T. luy brûlent les cheveux. Vn ieune homme V. mene un canot avec des pierres, pour reparer le Temple X.

       FIGVRE LV.

Vn Novice *A.* conduit un canot chargé de pierres pour reparer le Temple d'Alyauhcaly B. Vn autre Novice C. porte les hardes d'un Preftre D. qui va à la guerre encourager les foldats, & faire certaines ceremonies. Ils parvenoient aux Charges & Degrez felon le merite de leurs actions, & le nombre des prifonniers qu'ils avoient faits, comme on le voit marqué dans les peintures de cette Figure, avec les marques exterieures de leur authorité, leurs habits, & les Degrez par lefquels il falloit pafler pour parvenir au premier rang des hommes de guerre.

       FIGVRE LVI.

Un Tecutly E. ou Grand Prevoft de l'Empereur des Mexicains, avec un Officier F. au deffous de luy, fait reparer le pont de bois H. & le chemin qui conduit au Temple Sihnateocaly G.

Un ieune homme I. a pour recompenfe d'un prifonnier L. qu'il a fait fur l'ennemy, une Mante quarrée K. Le mefme M. a pour avoir fait 2. prifonniers O. la Cotte d'armes rouge qu'il a endoffée, & la Mante N. de couleur orangée avec une bordure rouge. Le mefme Guerrier P. pour avoir fait trois prifonniers R. eft recompenfé du harnois qu'il a fur luy, & de la Mante Q. Le mefme a pour recompenfe de quatre prifonniers V. qu'il a faits, la Cotte d'armes S. dont il eft couvert, & la Mante T. my-partie de noir & d'orangé avec un bord noir. Le mefme VV. s'eft acquis le titre d'Etonty par fon courage, & pour avoir fait cinq ou fix prifonniers. X. Le Brave que la Figure Y. reprefente avec le harnois particulier qu'il porte, eft parvenu au rang de Quagchil, à caufe de 5. prifonniers Z. qu'il a faits à la guerre de Quexo, & en d'autres rencontres. De ces Degrez d'honneur l'on pafloit à celuy de Tlacatecatel, qui eftoit le fupreme Degré, auquel on pouvoit monter en fuivant la profeffion des armes. L'habillement & la touffe de plumes, que la Figure, &, nous fait obferver, eftoit la marque de ce Degré.

Les principaux Preftres Mexicains faifoient auffi profeffion de porter les armes; l'Empereur les recompénfoit de diverfes marques & titres d'honneur, felon le merite de leurs actions, & le nombre des captifs qu'ils avoient faits.

       FIGVRE LVII.

Un Preftre *A.* fait un prifonnier; P. le Preftre B. pour avoir fait 2. prifonniers P. eft recompenfé de la Cotte d'armes avec laquelle il eft dépeint. Le mefme Preftre C. a efté gratifié par l'Empereur de la Cotte d'armes qu'il a endoflée, parce qu'il a fait trois prifonniers de guerre. P. Le Preftre D. eft recompenfé d'une Cotte d'armes noire & blanche, à caufe de quatre prifonniers P. qu'il a faits. Le mefme E. a pour recompenfe de cinq prifonniers P. qu'il a faits, la Cotte d'armes rouge qu'il a fur luy. Le mefme F. à caufe de fa bravoure, & de ce qu'il a fait 6. prifonniers P. a pour recompenfe une Cotte d'armes iaune, ornée de plumes vertes, & une targue rouge, verte & iaune.

Un Quauhnochtli G., un Tlilancalqui H. un Atenpanecatel I. & un Ezguacatecatel K. tous quatre Officiers de l'Empereur, de different rang & authorité, dont la fonction eftoit de porter les Ordres du Prince. Un Tlacochcalcatel, L. un Tezcacoacatel, M. un Tycoyahuacatel, N. & un Tequiltecatel, O. tous quatre Generaux d'armée.

       FIGVRE LVIII.

Le Cafique C. que deux executeurs B. D. de la iuftice de l'Empereur, accompagnez d'un troifiéme A. étranglent par ordre de l'Empereur, à caufe qu'il s'eft revolté, & que les habitans G. L. de fa Bourgade ont tué & volé des Marchands H. K. de la ville de Mexique, qui venoient vendre leurs marchandifes I. à la Bourgade de ce Cafique. La femme E. du mefme Cafique, & fon fils F. font menez prifonniers à la Cour, avec un ioug de fer au col. Auparavant de faire mourir le Cafique, l'Executeur de la Iuftice N. luy prononce fa Sen-

       K

tence de mort, en luy mettant autour de la teſte les ronds O. & un autre Executeur de la
Iuſtice preſente une targue, pour marque que l'on deſtruira par les armes ſa Bourgade.

Les quatre Meſſagers de l'Empereur P. Q. S. T. en retournant à la Cour, aprés avoir fait
ſçavoir au Caſique ſa Sentence de mort, ſont attaquez ſur le chemin par les ſerviteurs R.
V. VV. du meſme Caſique, qui leur tirent des fleches.

FIGVRE
LIX.
Des Tequignas, ou eſpions A. B. D. F. H. I. K. L. que l'Empereur envoye la nuit recon-
noiſtre la Bourgade d'un Caſique, & l'endroit le plus propre pour la ſurprendre dont EEEE.
en ſont les maiſons (*peintes en bleu dans l'Original Mexicain.*) Ils font le tour de la
Bourgade, du Tianguez, ou marché C. & du Temple G. pendant que les habitans ſont endormis. Les Mexicains P. allant attaquer armez de leurs targues & leurs dards Q. la Bourgade
qui s'eſt revoltée. Les Habitans de la Bourgade intimidez du malheur qui les menace, dé-
putent à la Cour trois d'entre eux M. N. O. pour traiter leur accommodement. Tlacatecatel R. Tlacochcalcatel S. Huitznahuatel T. & Ticocyhuacatel V. qui ſont quatre Ca-
pitaines de l'armée des Mexicains.

FIGVRE
LX.
Un Telpuchtly H. ou Meſſager nouvellement marié. Sa femme I. qui file derriere luy;
Il dit aux Telpuchtlys A A A A. ſes camarades qu'il s'eſt défait de ſa Charge pour ſe
marier, & vivre plus en repos; il les traite à cette occaſion. D. repreſente les Pains du
feſtin; F. les Poulles bouillies; les Taſſes; G. marquent le Cacao, qui eſt la boiſſon de ces
repas. Il leur fait preſent auſſi à chacun d'une poignée de baguettes dont ils tirent leur
parfum, C. d'une hache de cuivre E. & de deux Mantes B.

Quand ces Telpuchtlys L. M. N. avoient bien fait le devoir de leur Charge, l'Empereur
des Mexicains K. les avançoit en dignité, & les faiſoit ſes Tequignas, ou Ambaſſadeurs &
Officiers de ſes armées; ils portent à la main les marques de cette Dignité.

Quatre Senateurs, ou Iuges P. Q R. commis par l'Empereur, pour iuger les affaires Civiles
& Criminelles Quatre Tectlis, ou ieunes hommes OOOO. ſont derriere ces Senateurs, pendant qu'ils iugent, afin d'apprendre le Droit, & ſervir un iour en leur place. Trois hommes & autant de femmes T. qui plaident: Il y avoit appel au Conſeil de Motezuma, des
Tribunaux inferieurs.

FIGVRE
LXI.
Le Thrône de Motezuma *A*. où il paroiſt en public. Motezuma B. Palais C. où lo-
geoient les Seigneurs de Tenaynca, de Chienauhtla, & de Colhuacan, comme amis &
Confederez de Motezuma, le logement des Seigneurs de Tezcucoytacuba D. La court du
Palais de Motezuma E. F. G. un degré H. portoit à cette court. La Chambre du Con-
ſeil de guerre I. la Chambre du Conſeil de Motezuma K. ſix Conſeillers L. du Conſeil de
Motezuma. Des Solliciteurs de procez, & des Plaideurs M. qui ont appellé au Conſeil de
Motezuma, des Iugemens rendus à des Tribunaux inferieurs.

FIGVRE
LXII.
Le pere B. donne à ſon fils C. des preceptes pour ſa conduite, & luy remontre que ceux
qui s'adonnent à la vertu, s'acquierent du credit auprés des Caſiques, & grands Seigneurs,
qui les font leurs Meſſagers A. ou Muſiciens E. dans les occaſions des nopces, feſtins, & autres réjouïſſances, à cauſe de l'eſtime qu'ils ont pour eux.

Une maiſon F. G. I. où l'on s'aſſemble pour traiter des affaires publiques; le Grand Maiſtre H. de la maiſon de l'Empereur y eſt aſſis; il exhorte les ieunes gens L. N. de fuïr
l'oyſiveté, & il leur remonſtre qu'elle eſt cauſe qu'ils deviennent vagabonds O. joueurs de
Paulme, P. volteurs, Q. joueurs de dez, R. médiſans & flatteurs, A a. yvrognes, D d,
yvrognes & larrons, E c. Les Figures K. M. repreſentent des . . . . , & des . . . . .

Les artiſans enſeignent à leurs enfans leur meſtier. Un Charpentier S. (par exemple)
l'apprend à ſon fils T. un Lapidaire V. à ſon fils VV. un Peintre X. à ſon fils Y. un Or-
fevre Z. à ſon fils, &, un Garniſſeur de plumes B b. à ſon fils C c.

FIGVRE
LXIII.
Un ieune garçon A. eſtoit condamné à la mort, ſuivant la Loy du pays, pour s'eſtre eny-
vré. Une ieune femme C. de meſme. L'on lapidoit un voleur D. On fait mourir de meſme
l'adultere E.

Les meſmes loix permettoient à un vieillard de ſoixante & dix ans F. de s'enyvrer en
public & en particulier, à cauſe de ſon âge. Sa femme G. avoit le meſme privilege, en con-
ſideration, de ce qu'elle eſtoit grand'mere.

F I N·

RELATION
DV MEXIQVE,
ET DE LA
NOVVELLE ESPAGNE,
PAR THOMAS GAGES,

Traduite de l'Anglois.

E premier jour de Juillet de l'année 1625. l'Amiral des Gallions Dom Carlos Deybarra fit tirer le coup de partance, pour avertir tous ceux de Cadis qui devoient estre du voyage, de se trouver le lendemain à bord.

Deux jours aprés il vint un ordre de m'arrester, sur ce qu'estant étranger il ne m'estoit pas permis de passer en la nouvelle Espagne. Le Pere Calvo Superieur de la Mission des Philippines, en laquelle je devois estre employé avec quelques autres Religieux de l'Ordre de saint François, me fit cacher dans une barique d'où l'on avoit tiré le biscuit. Trente deux Vaisseaux chargez de vins, de figues, de raisins, d'olives, d'huiles, de draps, de serges, de toiles, de fer & de vif argent pour les mines, composoient nostre flotte. Ils se mirent à la mer avec huit Galions qui nous devoient servir de convoy jusques à la hauteur des Canaries, où ils nous quitterent.

L'on fait son compte d'avoir passé le plus difficile du voyage quand on a atteint ces Isles, car on trouve vers les Canaries les vents si favorables à cette navigation & si assurez, qu'on pouroit faire ce passage en moins d'un mois de temps, si les calmes ne le rendoient quelquefois plus long : ils furent cause que nous ne vismes point la terre que le 20. Aoust, ayant fait cette navigation depuis les Canaries avec aussi peu d'agitation, que si nous eussions esté portez sur le courant d'une riviere, ce qui nous donnoit occasion de prendre souvent le divertissement de la pesche des Dorades, & d'autres passe-temps. Le jour de saint Ignace trente Jesuites qui estoient dans le vaisseau de sainte Gertrude, l'ornerent de banderoles qui representoient les armes de ce Saint & les autres marques de leur Compagnie ; ils tirerent dés la veille cinquante coups de canon, & la mer se trouvant fort calme on voyoit attachées aux masts & aux manœuvres de leur vaisseau quantité de lanternes avec des lumieres : pendant la nuit ce ne fut que fanfares & musique : le jour ils firent une procession dans le vaisseau, tournant plusieurs fois autour du grand mast. Le 4. d'Aoust nous leur rendismes la pareille, & nous celebrâmes la feste de saint Dominique : nous estions vingt-sept Jacobins; & pour faire quelque chose de plus qu'eux nous les invitâmes à disner à nostre bord avec Juan Niño de Toledo President des Manilhes, & le Capitaine de leur Vaisseau ; aprés le disner on leur donna la Comedie tirée de Lope de Vega, elle fut representée par des soldats, par des passagers, & par quelques-uns de nos plus jeunes Moines, le tout avec une decoration de theatre & des habits si propres, qu'on n'auroit pas pû mieux faire dans Madrit mesme. Aprés toutes ces réjouïssances nostre Amiral estonné de n'avoir point veu de terre depuis le 29. Juillet jusqu'au 19. Aoust, fit venir à son bord tous les Pilotes, pour sçavoir d'eux leurs opinions sur le lieu où se trouvoit la flotte ; les uns la faisoient à 300. lieuës de la plus proche terre, les autres à 200. les uns plus, les autres moins, mais tous fort éloignez de la

IV. *Partie.*

verité , horſmis un vieux Pilote du plus petit Vaiſſeau de la flotte , qui fut raillé de tous les autres , à cauſe qu'il aſſuroit qu'avec le peu de frais qu'il faiſoit nous ſerions le lendemain matin à la Guadeloupe ; cependant le lendemain matin on découvrit l'Iſle Deſſeada , celle de Marigalan , aprés la ſaint Domingue , & enfin la Guadeloupe , où nous devions prendre des eaux & des rafraichiſſemens : nous jettâmes l'ancre à une bonne rade qui eſt devant cette Iſle.

Les Inſulaires apporterent de leurs Ananas, cannes de ſucre & autres fruits; on les regaloit de vins d'Eſpagne & de petites merceries. Quelques-uns de nos gens allerent à terre ſe baigner & laver leur linge : les Jeſuites y furent des premiers, & ayant trouvé parmy les Indiens un Mulato qui s'eſtoit refugié chez eux, aprés avoir quitté un Eſpagnol dont il eſtoit eſclave, ils tacherent de le perſuader de ſe rembarquer ſur la flotte, & de reprendre l'exercice de la Religion Chreſtienne dans laquelle il avoit eſté inſtruit. Le Mulato avoit de la peine à s'y reſoudre à cauſe de ſa femme & de trois enfans qu'il en avoit , il leur promit neanmoins ; l'on concerta avec luy de luy envoyer le lendemain un eſquif pour cet effet, mais les Indiens avoient dreſſé une embuſcade au lieu où il devoit aborder , & chargerent en meſme temps ceux de l'eſquif & les autres Chreſtiens qu'ils trouverent dans l'Iſle; il y eut trois Jeſuites bleſſez , & quelques autres gens de tuez.

Le 22. Aouſt nous levâmes l'ancre ; les fruits que nous avions changez avec ces Inſulaires nous ſervirent de nourriture , principalement les Platanes ou Ananas ; c'eſt un auſſi bon fruit qu'aucun qu'on mange en Eſpagne , l'on le cueille lorſqu'il eſt encore verd, & il jaunit en meuriſſant : nous ſucions les cannes de ſucre que nous avions toûjours à la bouche : les tortuës eſtoient noſtre principale nourriture , & les Eſpagnols les accommodoient de ſorte en les ſaupoudrant d'un peu de ſel & les tenant deux ou trois jours à l'air, que nous les trouvions auſſi bonnes que du veau,& tant qu'elles durerent nous ne touchâmes point aux proviſions des chairs de bœuf, de mouton & de lard que nous avions apportées d'Eſpagne.

Le quatriéme jour un de nos Religieux nommé J. de la Cueva, qui avoit eſté bleſſé par les Inſulaires mourut & fut jetté en mer , aprés qu'on luy eut chanté le *Requiem* , & que tout l'équipage luy eut crié trois fois, *buen viage, buen viage, buen viage;* au troiſiéme cry on fit une décharge de tout le canon , & on jetta ſon corps avec des pierres attachées aux pieds, afin qu'il allaſt au fond. Nous euſmes aprés la veuë de Porto Riſo , & puis de la grande Iſle San Domingo : les vaiſſeaux qui devoient aller à Porto Rico, San Domingo,Cartagena, &c. nous quitterent : enfin noſtre flotte deſtinée pour le Mexique arriva à la mer de Sunda, ainſi appellée à cauſe qu'on eſt ſouvent obligé d'y jetter la ſonde;elle eſt ſi calme que nous fuſmes une ſemaine ſans preſque changer de place : nos Mariniers ſe baignerent proche du vaiſſeau de crainte des Tuberons; un d'eux s'eſtant hazardé de s'en éloigner davantage que les autres pour voir un de ſes amis qui eſtoit dans un autre vaiſſeau, fut attaqué d'un qui luy coupa la cuiſſe, un bras, & luy emporta la moitié de l'épaule. Nous viſmes enfin la terre, mais noſtre ſage Amiral qui connoiſſoit le danger de cette coſte & de l'entrée du port de ſaint Jean d'Uloa à cauſe des roches qui ne ſe découvrent point , & ne ſont connuës que par les baliſes qu'on met deſſus, fit ſon compte que nous ne pouvions point, du vent que nous avions, arriver plûtoſt que ſur le ſoir à l'entrée du port, & apprehendant que les vents du Nord qui ſont aſſez ordinaires en ces quartiers-là au mois de Septembre ne nous jettaſſent la nuit ſur les roches, prit conſeil avec les Pilotes & reſolut de faire petites voiles , afin de n'approcher point de l'entrée du port qu'au commencement du jour, que nous pourrions avoir des eſquifs de terre qui nous conduiroient dedans : nos Pilotes faiſoient bonquart, cependant que nos paſſagers qui ne connoiſſoient rien de ce danger dormoient en ſeureté. Le vent du Nord s'éleva vers la minuit, ce qui mit tout l'équipage en allarme , mais ce vent-là n'ayant pas duré long-temps, nous viſmes à huit heures du matin les maiſons du port , il en ſortit des batteaux qui nous ſervirent de guide au travers de ces rochers : on jetta l'ancre, & pour une plus grande ſeureté on arima les Vaiſſeaux avec des cables qu'on paſſe par des anneaux de fer qui ſont aux murailles du port.

Nous arrivâmes donc le 12. Septembre à ſaint Jean d'Ulhua , autrement Vera Crus : la ville avoit preparé une fort belle entrée au Vice-Roy le Marquis de Seralhuo , tous les Ordres de Religieux le vinrent recevoir en proceſſion,& le conduiſirent en la Cathedrale ſous un dais avec ſa femme. Le Prieur du Cloiſtre de S. Dominique nous avoit preparé un logement : nous employâmes les deux jours du ſejour que nous y fiſmes, à voir la ville , nous en fiſmes le tour,& nous trouvâmes que ſon terroir eſtoit par tout de ſable, horſmis du coſté du Sud où il y a des mares d'eau dormantes qui rendent cette place fort mal ſaine : nous y arrivâmes durant les grandes chaleurs : il y a bien trois mille habitans, entre leſquels il y a des marchands riches de trois & quatre cens mille eſcus. Les Egliſes auſſi bien que les maiſons des particuliers font bafties de planches, & l'on en a veu fouvent la plus grande partie brûlée rez pied rez terre. La ville eft riche à caufe qu'elle eft fur le chemin d'Efpagne au Mexique & aux Indes Orientales, & qu'elle fert le plus fouvent d'entrepos à ceux qui vont d'Efpagne en l'ifle de Cuba, fanto Domingo, Iucatan, Porto-bello, & par Porto-bello au Perou, à Carthagene, & à toutes les ifles de la mer du Nord, aux Zacatecas, fant Ildefonfo, Tabafco, los Zoques, Chiappa de los Indios, c'eft à dire aux lieux du monde où il fe fait le plus riche commerce. Le mauvais air qui en faifoit apprehender le fejour, eft en partie caufe de la richeffe de ce petit nombre de marchands qui y ont choifi leur demeure. La force de cette place confifte en la difficulté d'entrer dans fon port; car la roche qui eft à une portée de moufquet de la ville, fur laquelle eft bafti le chafteau, n'eft gardé que par une foible garnifon. Cette roche & ce chafteau fervent de defenfe au havre, qui du refte eft fort ouvert du cofté de l'Ocean, & tellement battu des vents du Nord, que tous les vaiffeaux qui y jettent l'ancre, font obligez de fe mettre à l'abry de la roche & du chafteau, & encore n'y font pas en feureté, s'ils ne font arrimez avec des cables & des ancres à terre à ces anneaux de fer que nous avons dit. Ces vents du Nord font quelquefois fi violens, qu'ils jettent les vaiffeaux fur la roche, aprés avoir rompu leurs cables. Le Prieur des Jacobins nous fit grande chere, mais nous paffâmes fort mal la nuit, car ces maifons qui ne font que de planches, & nos lits avec elles eftoient tellement ébranlez par le vent, que nous fufmes obligez de gagner le bord de la mer pour nous mettre à couvert de cette apprehenfion. Le lendemain les Religieux du Convent fe moquerent de nous, & nous dirent qu'ils ne dormoient jamais mieux que lorfqu'ils eftoient bercez de ces vents.

Nous refolûmes de prendre la route le long de la mer pour continuer noftre voyage, dont noftre Conducteur le Pere Calvo eftoit fort aife, car il craignoit que les fruits du pays & les eaux fraiches beuës en trop grande abondance ne nous fiffent tomber malades du flux de fang, ce qui arrive ordinairement. Nous partifmes de là le 14. jour de Septembre, aprés avoir tiré du vaiffeau le refte de nos provifions d'Efpagne : nous trouvafmes que le chemin du Mexique n'eft que fable les trois ou quatre premieres lieuës, & eft auffi large que celuy de Londres à S. Alban. La premiere ville des Indiens que nous trouvafmes fut l'ancienne ville de vera Cruz; les premiers Conquerans de ce pays l'avoient choifie pour leur port, mais les vents du Nord les obligerent à la quitter, & s'établir à Saint Jean d'Ulhua. Nous vifmes là combien les Indiens font foûmis aux Religieux, fur une lettre qu'on leur avoit écrite, que nous devions paffer par leur ville; ils vindrent à cheval au devant de nous à deux lieuës hors de la ville, fe jetterent à nos pieds, nous baiferent les mains, nous appellant Apoftres de Jefus-Chrift; nous donnerent à chacun un bouquet de fleurs, & nous regalerent le mieux qu'ils pûrent. Il en vint d'autres troupes divifées par bandes, felon les Confrairies dont ils eftoient, qui nous donnerent auffi à chacun des fleurs; & eftant arrivez à la place du marché de leur ville, ils nous fervirent de boiftes de diverfes fortes de confitures, & des coupes de Chocolate au pied d'un grand arbre, à l'ombre duquel fe tient le marché. Nous logeâmes les deux premiers jours dans de petites villes des Indiens fort pauvres, mais où nous ne laiffions pas de trouver toutes fortes de provifions.

La nuit du troifiéme jour nous arrivâmes à une grande ville nommée Xalappa della vera Cruz, qui a bien 2000. habitans, partie Efpagnols, & partie Indiens; elle fut erigée en Evefché l'année 1634. fon détroit ayant efté démembré de l'étendue de celuy de la Puebla de los Angeles; & quoiqu'elle ne faffe pas plus du tiers de cet Evefché, elle vaut bien neantmoins à fon Evefque dix mille écus de rente en grains. Son terroir eft fort fertile en mays & en bled, mais ce qui l'enrichit davantage, ce font les moulins à fucre, les nourritures qu'ils font de mules & de toute forte de beftail, & la recolte de la Cochenille. De Xalappa nous paffâmes par une place nommée la Rinconada : c'eft proprement une hoftellerie, mais où les voyageurs font obligez de s'arrefter, à caufe qu'elle eft éloignée des autres villes : elle eft fituée à l'entrée d'une vallée; elle a des eaux les meilleures de toute cette cofte; & quoique la chaleur du Soleil les échauffe, elles ne laiffent pas d'eftre fort agreables. La nuit fuivante nous arrivafmes à une ville nommée Segura, où il y avoit environ mille habitans. Cette ville a efté baftie par Cortez pour affeurer le paffage de Saint Jean de Ulhua au Mexique. Il y a une grande abondance de vivres, beaucoup de fruits, de Bannanas & de Sapotes, au dedans defquels on trouve un noyau fort noir, de la groffeur des prunelles. Le Chicofapote a la chair auffi rouge que l'écarlatte, il eft doux, il fe fond dans la bouche, & a un gouft tres-agreable. Le terroir feroit tres-propre pour la vigne, mais on ne leur a jamais voulu permettre d'en planter, & s'ils avoient du vin, ils n'auroient plus befoin du commerce de l'Europe.

Cette ville est la plus temperée de celles qu'on trouve sur le chemin de S. Jean de Ulhua au Mexique, & ses habitans qui autrefois mangeoient de la chair humaine, sont maintenant les plus polis de ces quartiers. Nous nous éloignâmes un peu de nostre chemin en tirant vers l'Ouëst, pour voir la fameuse ville de Tlaxcallan, dont les habitans se joignirent avec Cortez & furent les principaux instrumens de sa conqueste. Tlaxcallan signifie en langue Indienne, du pain bien cuit ; en effet il y croist plus de ce grain appellé Centli, dont on fait du pain, qu'en toutes les autres provinces. Elle est sur le bord d'une riviere, qui tire sa source de la montagne nommée Atlancapetec. Elle arrose la plus grande partie de cette province, & se rend dans la mer du Sud proche de Zacatullan. Le gouvernement de cette place estoit aristocratique, & ces Indiens ennemis de toute monarchie consideroient Montesuma comme un tyran. Elle a 28. villes ou villages, où il peut bien avoir 150000. hommes ; ce sont des hommes bien faits & les meilleurs soldats de toutes les Indes. Ils sont fort pauvres, car il ne leur croist rien que du Centli, qui leur sert de nourriture, & qu'ils changent pour avoit toute sorte d'autres commoditez. Le terroir en est gras & propre pour les grains & pour les pasturages ; il croist mesme tant d'herbes au dessous des pins, qu'on y engraisse le bestail : à deux lieuës de la ville est la montagne nommée de S. Barthelemy ; elle a bien six milles de haut & 40. milles de tour. On y trouve de la neige endurcie par le froid ; les Indiens l'invoquoient autrefois pour avoir de l'eau. On y parloit trois langues differentes. La ville est maintenant habitée par des Espagnols & des Indiens ; elle est la residence de l'Alcalde mayor, l'un des premiers Officiers des Indes ; car sa jurisdiction s'étend sur toutes les villes & bourgades qui en sont à 20. lieuës à la ronde. Ce n'est pas que les Indiens n'ayent aussi des Alcaldes, des Regidores & des Alguazils ; mais c'est cet Alcalde major qui les nomme. La rudesse avec laquelle cet Officier les traite est cause que la ville est fort peu habitée : c'est ainsi que les Espagnols reconnoissent l'obligation qu'ils ont à ces anciens habitans, d'avoir tant contribué à leurs premieres conquestes.

En continuant nostre voyage nous passasmes par la Puebla de los Angeles, bâtie dans une agreable vallée à dix lieuës environ d'une montagne tres-haute, toûjours couverte de neige. Le nom Indien qu'elle avoit autrefois signifie un serpent dans l'eau, à cause qu'il y a en cet endroit deux fontaines, l'eau de l'une est tres-bonne à boire, & l'autre ne l'est pas ; c'est maintenant un Evesché qui vaut 10000. ducats de rente, quoiqu'on en ait démembré Xallapa de la vera Cruz ; elle se peuple tous les jours davantage à cause de la bonté de son air. L'on tient qu'elle a bien aujourd'huy dix mille habitans. Il s'y fait du drap si estimé des Espagnols, que l'on n'en fait plus venir de ceux de Segovie, à cause de la grande abondance & de la bonté de ceux qui se font à la ville de los Angeles. Les chapeaux qui s'y font sont les meilleurs de tout le pays. Il y a aussi une verrerie qui est une grande rareté dans ces quartiers-là, où ces peuples n'avoient jamais rien vû de semblable. L'on y bat la moitié de l'argent qu'on tire des Sacatecas. Elle passe pour la premiere ville après le Mexique, & avec le temps elle ne luy cedera en rien. Il y croist toutes sortes de legumes ; on y fait beaucoup de sucre, & j'y ay veu un seul moulin si grand, qu'il estoit servy par 200. Indiens sans leurs enfans. Je vis encore une autre ville principale entre le Mexique & Guacocingo. Il y peut avoir 500. Indiens & 100. Espagnols, & un Convent de Cordeliers. Le Roy d'Espagne a accordé de grands privileges à cette ville aussi bien qu'à celle de Tlaxacallan, à cause qu'elle se joignit avec les habitans de la derniere contre les Mexiquains, pour favoriser les Espagnols quand ils conquirent ce pays.

De là nous continuasmes nostre chemin pour aller à la ville de Mexique, en montant le costé d'une haute montagne que nous avions découverte de la ville de los Angeles qui en est éloignée de 10. milles. Elle surpasse en hauteur, en froidure & en neige (qui y tombe continuellement) les plus hautes des Alpes. Depuis nostre départ d'Espagne nous n'avions pas encore senti tant de froid que nous en souffrismes en la passant. Les Espagnols en estoient davantage incommodez que les autres, à cause des chaleurs de leur pays, & de celles qu'ils avoient souffertes sur mer. Il y a environ trente milles depuis la ville de Guacocingo jusqu'à celle de Mexique ; l'on employe la moitié de ce chemin à monter & descendre cette montagne. Nous découvrismes de son sommet la ville de Mexique & le lac qui l'environne, lequel nous sembloit tout proche, quoiqu'il fust bien à dix milles de distance du pied de la montagne.

Le premier village que nous rencontrasmes après avoir descendu la montagne, fut Quahutipec, de la jurisdiction de Tezcuco.

A trois lieuës de là & à nostre main droite, nous vismes la ville de Tezcuco sur le bord du lac. Elle estoit aussi grande que la ville de Mexique du temps de Cortez ; elle est encore

aujourd'huy fameuſe entre les Eſpagnols, comme une des premieres qui ſe ſoûmirent à
leur domination. En l'eſtat que nous la viſmes, nous ne jugeames pas qu'il y euſt plus de
cent Eſpagnols & de 3 0 ⊙. Indiens, qui tiroient tout leur revenu de leurs jardins & des
legumes qui s'en vendent tous les jours à la ville de Mexique, & auſſi de quelques cedres
dont le bois s'employe à baſtir des maiſons : mais il leur en reſte peu, les Eſpagnols en
ayant conſommé un grand nombre dans leurs bâtimens. L'on reprocha à Cortez d'en
avoir employé ſept mille troncs dans le ſeul bâtiment de ſon palais. Les jardins de cette
ville eſtoient autrefois entourez par ces troncs d'arbres qui leur ſervoient de haye & de
murailles ; quelques-uns eſtoient de ſix-vingt pieds de haut, & de douze de tour.

Au bout de cette plaine nous trouvaſmes une ville appellée Mexicalcinco, de 1 0 0. habitans, qui a eſté autrefois une grande ville. De là nous allaſmes à Guetlavac, petite ville
mais fort plaiſante à cauſe de l'ombrage qu'y font pluſieurs arbres fruitiers de ſes jardins
& des maiſons de plaiſance que des bourgeois de la ville de Mexique y ont fait bâtir pour
leur divertiſſement, car cette ville eſt au pied de la chauſſée qui mene au travers du lac à
la ville de Mexique, & n'en eſt éloignée que de cinq milles Anglois.

Le 3. Octobre 1625. nous arrivaſmes à la ville de Mexique. Sa ſituation approche fort
de celle de Veniſe, ſi ce n'eſt que Veniſe eſt bâtie dans la mer, & la ville de Mexique ſur
un lac, qui eſt diviſé en deux parties, ou pour mieux dire ſur deux lacs, car l'eau d'un de
ces lacs ne hauſſe ny ne baiſſe, au lieu que l'autre hauſſe & baiſſe ſelon que le vent change. L'eau du lac qui demeure toûjours en meſme eſtat eſt fort ſaine, bonne & douce, &
nourrit quantité de petits poiſſons ; au contraire celle du lac qui hauſſe & baiſſe, eſt ſa-
lée, amere, empeſtée, & ne produit aucun poiſſon. La ſurface du lac d'eau douce eſt plus
haute que celle de l'autre lac ; en effet elle tombe dedans. Le lac ſalé a quinze lieuës de
large & autant de long, de ſorte qu'il a prés de 6 0. lieuës de tour, & le lac d'eau douce en
a davantage ; tellement que ces deux lacs enſemble ont bien cent lieuës de tour.

Les Eſpagnols ont de differentes opinions touchant l'eau de ce lac & ſa ſource ; les uns
diſent que tout le lac enſemble n'a qu'une ſource, qui vient d'une grande & haute montagne qui eſt au Sud de la ville de Mexique. Je puis aſſeurer pour l'avoir veu, que l'on fait
tous les jours une grande quantité de ſel dans le lac qui eſt ſalé, & que c'eſt en cela que
conſiſte une partie du grand trafic de cette ville, non ſeulement pour le debit qui s'en fait
dans le pays, mais meſme dans les Iſles Philippines. Quelque que puiſſe eſtre la cauſe de
la differente nature de ces deux lacs, nous n'en ſçavons point d'autres exemples dans le
monde. Il y avoit autrefois plus de 8 0. villes de neuf à dix mille feux, bâties autour de ce
lac. Tezencao en eſtoit une ; cependant dans le temps que j'y paſſay ie n'y comptay qu'-
environ trente tant villes ou villages ; car la plus grande de ces villes paſſe à peine 50.
feux. La rudeſſe avec laquelle les Eſpagnols traitent cette pauvre nation qu'ils détruiſent
de iour en iour, en eſt la ſeule cauſe ; & deux ans auparavant mon retour en Europe, qui fut
l'année 1635. ie ſceus de bonne part que les Eſpagnols avoient fait mourir un million
d'Indiens, qu'ils avoient employé à faire prendre à l'eau qui vient dans le lac, un autre tour que celuy de la ville de Mexique, pour empécher par là les grandes innon-
dations auſquelles la ville de Mexique eſtoit ſuiette, comme il arriva l'année 1634. que
l'eau du lac crût tellement que la ville de Mexique en penſa eſtre toute ruïnée. Cette année là l'eau vint iuſques dans les Egliſes, qui ſont bâties aux endroits les plus élevez de la
ville, de ſorte que les habitans eſtoient contraints d'aller avec des canots d'une maiſon à
l'autre. Ils ont détourné cette eau en luy coupant un chemin au travers des montagnes,
mais il eſt à croire que cela ne durera pas, & que l'eau reprendra ſon ancien cours.

Je ne diray rien de la deſcription que Gages fait de l'ancienne Mexique, puiſqu'elle ſe
trouve ailleurs, & qu'elle n'eſt point de luy, non plus que la relation qu'il fait des conque-
ſtes de Cortez. La ville de Mexique eſt bien changée & éloignée de cet heureux eſtat du
temps de Cortez ; elle ne laiſſe pas d'eſtre encore maintenant une des plus grandes villes du
monde, elle s'eſt principalement accrûe depuis l'an 1634. & depuis le ſoin que l'on a pris
d'en détourner ces eaux, comme i'ay dit, il s'en faut beaucoup que ce lac n'en vienne ſi
proche qu'il avoit accoûtumé de faire. Quelquefois ce lac exhale une vapeur puante, &
corrompt l'air des environs, qui d'ailleurs y eſt fort temperé & fort ſain à cauſe des montagnes qui l'environnent. Les Eſpagnols croyent que les fortifications de Saint Jean de
Ulhua la mettent aſſez à couvert des entrepriſes des étrangers ; & d'ailleurs ils n'ont plus
rien à craindre des naturels du pays, qu'ils ont exterminez par toutes ſortes de violences :
c'eſt pourquoy il n'y a ny rampars, ny baſtions, ny armes pour defendre cette ville ; &
cependant c'eſt une des plus riches du monde. Il y vient tous les ans par la mer du Nord
une flotte qui apporte tout ce qu'il y a de meilleures marchandiſes dans toute l'Europe.

* iij

Elle reçoit encore par la mer Pacifique tout ce qui vient de plus riche de la Chine, du Japon, & des mines du Perou. Elle envoye tous les ans aux Philippines deux grandes caraques & deux autres bastimens plus petits. L'on y bat tous les jours de la monnoye des mines de saint Louis de Sacatecas, qui sont à 80. lieuës de là du costé du Nord ; car l'on y apporte la matiere de ces mines par morceaux sur des mulets. Les Espagnols ont encore poussé leurs conquestes cent lieuës au delà de ces mines, où ils découvrent tous les jours de nouvelles richesses. Ils ont basti là une ville sous le nom de la nouvelle Mexique, pour s'asseurer la possession de ces richesses, & dompter les Indiens de ces quartiers-là, qui sont fort bons soldats, & qui tiennent les Espagnols dans de continuelles allarmes. Il est à croire que les Espagnols acheveront un jour de conquerir tout le reste de ces pays devers le Nord, qui s'étendent sans doute jusqu'à nos habitations de Virginie & nouvelle Angleterre.

Cortez établit la ville de Mexique la Capitale des autres conquestes qu'il fit en ces quartiers-là, & qui avoient plus de cent lieuës de long. La reputation de sa justice, & les bons ordres que ce Conquerant apportoit pour le gouvernement du pays, y attirerent de son temps beaucoup d'Indiens ; mais ceux qui sont venus aprés luy, luy ont bien fait changer de face. L'année 1625. que j'y arrivay, il n'y avoit pas 5000. Indiens ; car les Espagnols qui l'habitent maintenant, qui sont tous à les entendre parler, des Guzmans, des Mendoça, & des fils de Conquerans, ont détruit ou écarté les habitans naturels de ce pays, ont trouvé moyen de leur oster les maisons qu'ils avoient aux meilleurs endroits de la ville, que Cortez leur avoit laissé à condition d'en payer une legere reconnoissance, & les ont reduits dans un des fauxbourgs nommé Guadaluppe. De ces 5000. Indiens que je trouvay au Mexique lorsque j'y arrivay, il en est mort plus de la moitié depuis des fatigues ausquelles on les a obligez pour détourner cette eau qui entre dans le lac, comme nous avons dit ; & je suis asseuré qu'il n'y reste pas maintenant deux mille Indiens, & un millier de Mestiz, c'est à dire de gens dont la mere est Indienne, & le pere Espagnol, & ce nombre diminue tous les jours par les mauvais traitemens de ces Espagnols, chez qui les moindres gens, un mulletier, par exemple, a la presomption d'un Conquerant, & traite l'Indien comme son esclave.

De trois ou quatre maisons d'Indiens l'on en a faite une à la maniere d'Espagne, avec de beaux jardins : ces maisons sont solidement basties de pierre & de brique ; elles ne sont pas neantmoins fort hautes, à cause des tremblemens de terre qui y sont fort frequens. Ses ruës sont fort larges, trois carrosses peuvent passer de front dans les plus étroites, & six dans les plus larges, ce qui fait paroistre la ville bien plus grande qu'elle n'est en effet. De mon temps l'on y faisoit estat de trente ou quarante mille Espagnols, tous riches & si magnifiques, qu'ils ont des carrosses la pluspart & de tres-belles livrées ; j'en ay compté jusqu'à deux mille dans l'Almeda, qui est un lieu comme le Cours de Paris. Ils disent communément qu'il y a quatre choses remarquables à la ville de Mexique, la beauté des femmes, les chevaux, les ruës & les habits ; mais l'on y pourroit encore adjoûter la magnificence de leurs carrosses, qui surpasse tout ce que l'on voit en ce genre à Madrid & dans les autres villes de l'Europe : ils ne se contentent pas d'y employer les plus riches étoffes du monde, ils les relevent encore d'or, d'argent & de pierreries, avec les mors des chevaux & les fers d'argent. L'on tient qu'il y a 15000. carrosses.

Les rues de nos plus belles villes de l'Europe n'approchent point de celles de la ville de Mexique, pour leur grandeur, leur netteté, & principalement à cause des riches boutiques dont elles sont bordées, & entre autres la rue des Orfévres, parmy lesquels il y a beaucoup d'Indiens & de Chinois, qui ont appris aux Espagnols quantité de secrets de cet art, inconnus aux autres nations. Le perroquet du Marquis de Seralvo, & la lampe des Dominicains, est de leur façon, elle est d'argent, & porte 300. branches avec leurs bobeches pour y mettre des cierges, & cent petites lampes, toutes de differens desseins ; elle a esté estimée à 400000. ducats, c'est à dire environ 800000. écus.

La liberté qu'ont les femmes va jusqu'à l'excés ; leur divertissement le plus ordinaire est le jeu, à quoy elles passent des jours & des nuits entieres, elles tâchent mesme d'y engager ceux qui passent dans les rues, en les appellant quand elles manquent de compagnie ; & j'ay éprouvé que les Religieux mesmes ont de la peine à s'en defendre. Les perles, les diamans & les rubis sont fort communs entre elles, les femmes mesmes des Negres s'en parent, & il y en a de si bien faites & qui ont de si beaux traits, qu'elles donnent de la jalousie aux plus belles Espagnolles & à celles de la premiere qualité ; aussi n'oublient-elles rien des manieres ny des ajustemens qui peuvent donner de l'amour à ceux qui ont ce goust.

La principale place de la ville de Mexique eſt le marché, il n'eſt pas ſi grand maintenant qu'il l'eſtoit du temps de Montezuma : le long d'un de ſes coſtez regne un portique ou rangée d'arcades, où l'on peut ſe mettre à couvert quand il pleut, au deſſous il y a des boutiques où l'on vend toutes ſortes d'étoffes & d'ouvrages de ſoye, & des femmes au devant qui vendent des fruits & des herbes. En face de cette rangée d'arcades eſt le Palais du Vice-Roy, qui tient avec ſes jardins fermez de murailles, toute une face du marché ; au bout de ce Palais eſt la priſon, tres-forte & baſtie de pierre ; tout proche eſt la belle ruë appellée *la Plateria*, ou la ruë des Orfévres, tres-riche en or, argent, perles & diamans. Tous les marchands de ſoye demeurent dans la grande ruë de S. Auguſtin ; mais la plus longue & large de toutes les ruës de la ville du Mexique eſt celle appellée Tacuba, où il n'y a quaſi que des boutiques de Clincailliers, & de ceux qui trafiquent en cuivre & en acier : cette ruë eſt proche de l'Aqueduc par où paſſe l'eau qui eſt conduite dans la ville, elle eſt ainſi appellée à cauſe qu'elle mene à un village de ce nom. La ruë de l'Aigle ſurpaſſe toutes les autres par la magnificence de ſes baſtimens, c'eſt le quartier des gens de qualité, des courtiſans & des principaux Officiers de la ville; la maiſon de Ferdinando Cortez y eſt auſſi: on appelle cette ruë la ruë de l'Aigle, à cauſe d'un aigle de pierre qui eſtoit autrefois un Idole des Indiens, & qui eſt encore au coin de cette ruë.

Il n'y a que trois chauſſées ou chemins pour entrer dans la ville de Mexique, l'une vient de l'Oueſt & a une lieuë & demie de long, l'autre vient du Nort, & a trois lieuës de long : la ville n'a point d'entrée vers l'Eſt, mais elle a une chauſſée du coſté du Sud, qui a cinq lieuës de long, qui eſtoit le chemin par où Cortez entra dans la ville quand il la conquit.

Quoique le fruit appellé Nuchtli croiſſe en pluſieurs endroits de l'Amerique, & qu'il y en ait maintenant en Eſpagne, il n'y a pourtant point de lieu où il croiſſe ſi naturellement qu'au Mexique, c'eſt un des meilleurs fruits de ce pays, il reſſemble à la figue, & renferme comme elle pluſieurs petits grains, mais plus gros que ceux de la figue, avec une teſte ou couronne aſſez ſemblable à celle de la neſle ; il y a de ces fruits de diverſes couleurs, les uns ſont verds pardeſſus, & de couleur d'incarnat par dedans, ceux-là ſont de fort bon gouſt; d'autres ſont jaunes, il y en a de blancs, de bigarrez de pluſieurs couleurs ; mais ſa meilleure eſpece eſt la blanche : ce fruit dure long-temps, il y en a qui a le gouſt de poires, d'autres de raiſins, il eſt fort rafraichiſſant & par cette raiſon beaucoup eſtimé dans le temps des grandes chaleurs de l'Eſté, les Eſpagnols l'eſtiment encore plus que les Indiens ; le labour & la culture de la terre le rend encore meilleur. Il y a auſſi un fruit de la meſme eſpece, qui eſt rouge, d'auſſi bon gouſt que les autres, mais moins eſtimé à cauſe qu'il teint les lévres, la langue, les habits, & meſme l'urine, de rouge comme du ſang : la plure de dehors de ce fruit eſt épaiſſe, & pleine de petits picquans, & quand on le coupe droit tout d'un coup juſqu'aux grains qu'elle enferme, l'on la peut lever tout au tour avec le doigt ſans la rompre, & en tirer le fruit pour manger. Les Eſpagnols pour attrapper les nouveaux venus mettent cinq ou ſix de ces fruits dans quelque linge, & les ayant bien remuez dedans, les picquans preſque inviſibles qui ſont ſur la plure, ſe fourent dans le linge, de ſorte qu'une perſonne venant à s'eſſuyer la bouche avec cette ſerviete pour boire, ces piquans luy entrent dans les lévres, où ſe mettent droits comme ſi ils y eſtoient ſemez, ils la font begayer quelque temps quand elle veut parler, juſques à ce que l'on les oſte à force de ſe frotter & de ſe laver les lévres.

Il y croiſt auſſi un autre fruit deux fois auſſi gros qu'une groſſe poire, qu'ils appellent en Eſpagnol *maniar blanco*, ou blanc manger, car en effet ce fruit en a preſque le gouſt : il ſe fond dans la bouche comme de la neige, & l'emplit d'une eau ſucrée ; il eſt plein au dedans de noyaux, ou petites pierres noires, leſquelles ſi on les écraſe ſous les dents, ſont ameres; ils ne ſe tiennent pas enſemble, mais ſont enveloppez chacun d'une pellicule qui les ſepare les uns des autres, & qui les diviſe par rangées, de ſorte que ſi on coupe ce fruit droit, l'une des moitiez fait la figure d'un échiquier, avec des intervalles blancs & noirs, dont on mange ou on ſuce le blanc, & on jette le noir.

Il eſt auſſi à remarquer que ce qu'ils appellent Pinia, ou pomme de Pin, n'eſt pas le fruit que portent les Pins, mais une autre qui croiſt ſur un arbre plus petit, qui a les fueilles pleines de picquants, & qu'il eſt plus gros que les plus gros melons d'Angleterre quand il eſt meur, il eſt jaune dehors & dedans, par dehors il eſt plein de petites boſſes, & il eſt ſi froid & ſi humide, qu'il n'y a rien de ſi dangereux que d'en manger beaucoup. Avant que de manger de ce fruit on le coupe par tranches que l'on fait tremper l'eſpace d'une demie heure dans de l'eau & du ſel, qui luy oſte beaucoup de ſa crudité & d'indigeſtion ; on le ſert après dans un plat avec beaucoup d'eau fraiſche, & on le mange ainſi : mais la meilleure maniere eſt d'en faire de la conſerve, qui eſt ſans contredit la meilleure de tous ces

païs. Il y croist aussi du raisin, quoique l'on n'en fasse pas de vin ; des pommes, des poires,
des pesches, des abricots, des grenades, des melons, des dattes, des figues, des noix, des
chataignes, des oranges, des limes aigres & douces, des citrons en grande abondance, beaucoup des autres fruits qui sont en l'Europe, & d'autres qui n'y sont pas communs, principalement aux environs de la ville de Mexique, où il croist un arbre appellé Metel, qu'ils plan-
tent & cultivent comme l'on fait les vignes en Europe : il a prés de quarante sortes de fueilles differentes, lesquelles servent à divers usages, car quand elles sont encore tendres ils en
font des conserves, du papier, de la filasse, des manteaux, des nattes, des souliers, des
ceintures, & des cordages. Il croist sur les fueilles de cet arbre de certains picquants si forts
& si aigus, qu'ils s'en servent au lieu de scies : sa racine rend un jus ou syrop, qui ayant esté
bouilli il s'en fait du sucre. L'on en fait aussi du vinaigre & du vin, dont les Indiens s'en-
yvrent : son écorce brûlée guerit les blessures & les ulceres : il sort du sommet de son
tronc une gomme, qui est un excellent antidote contre le poison. Enfin la ville de Mexique
ny ses environs ne manquent de rien de ce qui peut rendre une ville heureuse, & le titre de
Paradis terrestre luy convient mieux qu'à quelqu'autre lieu du monde. Cette ville est le
siege de l'Archevesque & du Vice-Roy : il a le pouvoir de faire des Loix & Ordonnances,
de donner les Charges, & de decider les differens qui arrivent, si ce n'est qu'ils soient de
telle consequence qu'il juge à propos d'en remettre le jugement au Conseil d'Espagne. Tous
les Gouverneurs qui sont dans le Mexique luy sont subalternes ; il y a bien 400. lieuës
de pays qui en dependent. La pluspart des Officiers du Mexique sont ses creatures, ils luy
font de grands presens pour estre preferez les uns aux autres. Il est Chef de la Justice, l'on
appelle à son tribunal, où les affaires se terminent en dernier ressort ; son temps est de cinq
ans, il luy est aisé d'acheter une prorogation de 5. ans, & quelquefois de dix. C'est une chose incroyable combien un Vice-Roy du Mexique peut amasser de richesses tous les ans, sans
compter les 100000. ducats qu'il a du Roy, principalement en s'appliquant au trafic,
comme ils font presque tous ; car quand ils veulent trafiquer d'une marchandise, ils en font
un monopole, comme faisoit le Marquis de Serralvo de mon temps, qui estoit le plus grand
monopoleur de sel qu'il y eust jamais au Mexique, il gagnoit tous les ans la valeur d'un
million dans ce monopole & dans le trafic qu'il faisoit en Espagne & aux Philippines ; il
exerça la charge de Vice-Roy l'espace de dix ans, & pour estre continué dans cette dignité cinq ans plus que le temps ordinaire, il fit present au Roy d'Espagne d'un Perroquet fait
de pierreries, qui fut estimé cinq cens mille écus, & dépensa un million en presens qu'il fit à
la Cour d'Espagne. Outre le Vice-Roy il y a ordinairement six Juges & un Procureur du
Roy, lesquels ont chacun du Roy d'Espagne par an 12000. ducats d'apointement. Il y a un
Lieutenant Civil & un Lieutenant Criminel, qui jugent avec luy toutes les causes civiles &
criminelles, neanmoins quoique joints ensemble ils n'osent contredire le Vice-Roy dans
tous les jugemens qu'il rend, quoiqu'injustes, & mesme quelques-uns l'ayant hazardé ils
en ont esté chastiez, de sorte qu'il est maistre absolu de la Justice. Ce pouvoir sans bornes,
l'avarice du Vice-Roy, les grands appointemens de 60000. ducats tous les ans, &
l'orgueil de l'Archevesque Dom Alonzo de Zerna mirent la ville à deux doigts de sa ruine ;
car ces deux pouvoirs se battant comme deux cailloux ensemble allumerent un feu qui pen-
sa reduire cette belle ville en cendre, comme aussi le Palais du Vice-Roy.

 J'en rapporteray icy l'histoire, afin qu'elle serve d'avertissement à toutes les nations, de ne
point élire de Gouverneurs avares, ny des Prelats trop entreprenans. Le Comte de Gelves
passoit alors pour estre le meilleur Vice-Roy qui eust esté jamais envoyé d'Espagne en Amerique, les Espagnols l'appelloient le terrible Justicier, il faisoit faire une exacte recherche
des voleurs, il les faisoit pendre sans remission, tout le monde disoit que depuis la conqueste
du Mexique jusqu'à son temps l'on n'avoit jamais veu tant pendre de malfaicteurs. Quant
à la justice il y estoit severe & équitable ; mais l'avidité du gain l'avoit tellement aveuglé,
qu'auparavant qu'il eust reconnu le mal qu'il faisoit, il avoit mis tout le Mexique sur le
point de se revolter. Il faisoit faire ce qu'il ne vouloit pas que l'on sçust qui vinst de luy, par
ses émissaires, & entr'autres par un nommé D. Pedro Mexia, tres-riche Gentilhomme du
Mexique, qu'il s'estoit associé pour profiter sur le maiz des Indiens, & sur le bled des Espagnols ; il en acheta grande quantité à raison de 14. terces le boisseau, comme il est taxé dans
le pays par les Loix, pour le vendre aprés en temps de famine avec avantage ; les Fermiers
& autres gens qui voyoient cette année abondante, estoient bien aise de luy vendre leur
grain, ne considerant pas à quelle fin il l'achetoit, & d'autres le faisoient aussi sçachant
que c'estoit des favoris du Vice-Roy qui l'achetoient. Ainsi D. Pedro Mexia remplit tous
les greniers qu'il avoit louez dans le pays, si bien que luy & le Vice-Roy devinrent maistres
de tout le grain du pays, & il avoit des Officiers attitrez qui l'alloient vendre aux marchez

lorsque

lorſque le temps y eſtoit propre, & qu'il le pouvoit vendre deux fois plus qu'il ne luy avoit
couſté, les pauvres commencerent à ſe plaindre, & les riches à murmurer. L'on fit voir au
Vice-Roy en plein Conſeil la taxe du grain ſelon les Ordonnances, à quoy il répondit que
cette taxe & cette Ordonnance ne devoit s'étendre qu'au temps de famine; qu'il eſtoit bien
informé que l'année preſente eſtoit la plus abondante qui euſt jamais eſté; qu'il ſçavoit
auſſi que l'on en apportoit dans les marchez ſuffiſamment pour fournir la ville de Mexique & tout le païs; ainſi il ſe mocquoit des Ordonnances, des plaintes des riches, & des
ſouffrances des pauvres, & perſonne ne vendoit des grains que les gens des greniers de D.
Pedro Mexia. Le peuple s'adreſſa à Don Alonſo de Zerna Archeveſque de la ville de
Mexique, qui faiſant cas de conſcience de ce monopole, excommunia ce Pedro de Mexia,
en fit afficher des placards à toutes les portes des Egliſes, comme auſſi des billets de ceſſatio à divinis. Pedro de Mexia vendoit toûjours ſon grain, & meſme l'augmenta de prix:
neanmoins connoiſſant par là que l'Archeveſque luy en vouloit, & le peuple ayant crié
après luy, quand il paſſoit par les ruës, il ſe retira ſecretement chez le Vice-Roy, luy de-
mandant ſa faveur & ſa protection dans une affaire qui leur eſtoit commune. Le Vice-Roy
donna auſſi-toſt ſes ordres, pour faire arracher des portes des Egliſes les billets d'excommunication, & de ceſſatio à divinis, avec commandement à tous les Superieurs des Reli-
gions d'ouvrir leurs Egliſes, & de celebrer le ſervice divin comme auparavant; les Religieux n'executerent point les ordres du Vice-Roy, comme eſtant contraires à l'obeïſ-
ſance qu'ils devoient à leur Archeveſque: le Vice-Roy luy fit commandement de revoquer
ſa cenſure, à quoy il répondit, que ce qu'il avoit fait eſtoit bien fait; & contre un perſe-
cuteur des pauvres, que leurs cris l'avoient obligé d'en prendre connoiſſance, & qu'il
ne pouvoit revoquer la cenſure, juſques à ce que Don Pedro de Mexia ſe fuſt ſoûmis à
l'Egliſe, & qu'il euſt dédommagé le public, & principalement les pauvres, avec les
Preſtres & les Religieux qui avoient beaucoup ſouffert à cauſe d'un monopole ſi in-
juſte.

Le Vice-Roy échauffé de cette réponſe, qui luy parut arrogante & choquer l'authorité
de ſon Prince, commanda que l'on ſe ſaiſiſt de ſa perſonne pour le mener à S. Jean de Ulhua
& l'y faire embarquer pour Eſpagne. L'Archeveſque ſur cet avis ſe retira au quartier de
Guadalupe, avec pluſieurs de ſon Clergé, & ſe ſervant de ſes armes, il fulmina une excommunication contre le Vice-Roy. Le Vice-Roy luy met en trouſſe des Sergens & autres Miniſtres de la Juſtice, l'obligea de ſe ſauver dans l'Egliſe, où il prit ſes habits Pontifi-
caux, fit allumer les cierges ſur l'Autel, tira le S. Sacrement du tabernacle, le prit d'une
main, la Croix de l'autre, & attendit en cet eſtat proche de l'autel avec beaucoup de
Preſtres autour de luy, la venuë des Sergens qui le devoient prendre. Arrivez qu'ils furent dans l'Egliſe, ils ſe mirent à genoux comme pour ſatisfaire à leur devoir, &
dirent à l'Archeveſque le ſujet pour lequel ils eſtoient venus, le requerant qu'il euſt
à remettre le S. Sacrement, & à ſortir de l'Egliſe pour entendre les ordres qu'ils luy
portoient au nom du Roy. L'Archeveſque répliqua, que le Vice-Roy eſtant excommu-
nié & hors de l'Egliſe, il n'avoit aucun pouvoir ny authorité, bien loin d'eſtre en droit de
luy rien commander dans la maiſon de Dieu, & dans ſon Egliſe; qu'ils euſſent à ſe reti-
rer; & qu'ils ſe gardaſſent bien de rien attenter contre les immunitez Eccleſiaſtiques.
L'Officier luy fit voir l'ordre qu'il avoit de le prendre en quelque lieu qu'il fuſt, & de le mener au port de S. Jean de Ulhua, pour eſtre de là tranſporté en Eſpagne. Il commanda
enſuite au nom du Roy à un Preſtre qu'il avoit amené exprés, d'oſter le S. Sacrement des
mains de l'Archeveſque, ce qu'il executa; Don Alonſo quitta après ſes habits Ponti-
ficaux, & ſe rendit entre les mains de l'Officier, prenant tous ſes Preſtres pour témoins
de la violence qu'il ſouffroit. Il fut de là mené à ſaint Jean de Ulhua, & puis en Eſpagne. Les Mexicains firent leur affaire, de la perſecution de leur Archeveſque; il s'eſtoit
attiré leur affection par la chaleur qu'il avoit témoignée en prenant le party du peuple
& des pauvres, ces ſentimens ſe répandent parmy tout le peuple; l'on crie contre D. Pedro de Mexia & contre le Vice-Roy, les Preſtres animent les Seculiers contre luy, les
Criolos ou Eſpagnols nez dans les Indes font encore plus de bruit que les autres, la ſe-
dition enfin éclate par l'inſulte que l'on fit à l'Officier qui avoit mené l'Archeveſque à
S. Jean de Ulhua. *Alla va el Iudas*, commencerent-ils à crier le voyant dans un car-
roſſe, *muera el vellaco deſcomulgado la muerte del Iudas*, ils le ſuivirent avec ces impre-
cations, & à coups de pierres, juſques dans le Palais du Vice-Roy; & quoique il fiſt aſſu-
rer le peuple que Tirol s'eſtoit ſauvé par une porte de derriere, il ne pût arreſter leur fu-
rie; car quelques Preſtres s'eſtant mis à la teſte des ſoulevez, & un nommé Salazar entr'autres ayant forcé les priſons, vint avec toute la populace, & les ſcelerats qu'il en

IV. Partie.

avoit tirez, mettre le feu aux portes du Palais du Vice-Roy ; ce fut en vain qu'il parut
sur le balcon de son Palais, qu'il fit déployer l'Etendart du Roy d'Espagne, & fit sonner
la trompette pour demander du secours à la ville, les soûlevez y répondirent par des cris de
viva el Rey, muera el mal govierno, mueran los descomulgades ; l'on se battit trois heures durant à coups de main, la porte fut cependant brûlée, l'on pilla quelque partie du
Palais du Vice-Roy, & le mal auroit esté plus loin, si quelques-uns des principaux habitans ne s'estoient hazardez de parler au peuple, & ne l'avoient persuadé d'éteindre le
feu, également à craindre aux innocens & aux coupables. Le Vice-Roy se sauva déguisé en
Cordelier, & demeura une année durant caché dans un Cloistre, où je le vis l'année sui-
vante.

Le Conseil d'Espagne qui apprehendoit que d'autres villes ne suivissent cet exemple,
envoya l'année d'après 1625. le Marquis de Seralvo à la place du Comte de Gelves, &
luy donna pour Assesseur Dom Martin de Carillo, du Tribunal de l'Inquisition de Valladolid, avec une Commission fort expresse de punir les autheurs de cette rebellion. J'e-
stois au Mexique au temps de cette recherche, & je sçavois par le moyen du Confesseur
de Carillo tout ce qui se passoit ; si la Justice eust esté faite avec rigueur, la plûpart des principaux de la ville du Mexique auroient esté punis, pour ne s'estre pas rangez sous l'Etendart du Roy d'Espagne, lorsqu'on les y avoit appellez au son de la trompette ; ils dirent
pour leurs excuses, que la populace s'estoit jettée sur eux, & les en avoit empechez :
quelques Juges pourtant furent deposez de leur charge ; & l'on trouva que les principaux autheurs de cette sedition estoient les Prestres, & sous eux les Criollos. Salazan,
avec trois autres Prestres furent condamnez aux Galeres, mais ils avoient pris la fuite ;
l'on publia une amnistie pour tous les autres. Le procedé de l'Archevesque fut plus blâ-
mé en Espagne que celuy du Vice-Roy, il fut long-temps sans employ ; on luy donna
enfin l'Evesché de Zamora en Castille, lieu de sa naissance ; ainsi de 60000. écus que
luy rendoit tous les ans l'Archevesché du Mexique, il fut reduit à n'avoir que 5000. écus
que vaut celuy de Zamora. Pour le Comte de Gelves, on le rappella en Espagne, où
il eut la charge de Cavallerizo del Rey, qui est une charge fort considerable à Madrid.

L'Amerique contient le Mexique & le Perou, qui sont separez l'un de l'autre par un
isthme de dix-sept lieuës de largeur, & selon les autres, de douze seulement. Le Mexique ou partie septentrionale, est encore subdivisée en quatre Provinces, Themistitan,
Nova Gallicia, Mechoacan, & Guastacan. La ville de Mexique, qui tient le premier
lieu entre celles de Themistitan, fait aussi que cette Province a la préeminence sur les trois
autres ; car elle est le siege Archiepiscopal de cette partie de l'Amerique, & la residence
du Vice-Roy. La seconde ville de Themistitan est la Puebla de los Angeles, la troisiéme
Villaruca, Antiquera la quatriéme, Meccioca la cinquiéme, Ottopan la sixiéme. Ces
villes, si l'on en excepte les deux premieres, sont toutes fort petites ; le nom de villes
leur est demeuré parceque les Espagnols ont eu dessein autrefois d'y ériger des Evesch[ez],
ce qu'ils n'ont pû executer ; la ville de Mexique & celle de los Angeles ayant attiré
tout le trafic, & presque tous les habitans de ces autres places. Le ressort de la ville du Mexique s'étend à toutes les villes de ses environs, autrefois habitées par des Indiens, toutes
sont maintenant d'Espagnols & de Mestiz. Entre ces villes, Chapultepec est fameuse par
les sepultures des anciens Empereurs du Mexique, l'on y enterre les Vice-Rois ; il y a un
grand Palais avec plusieurs jardins embellis de fontaines & de viviers remplis de poisson ;
les Vice-Rois & la Noblesse du Mexique s'y viennent souvent divertir. L'on tient que
les richesses qui sont dans la Chapelle des Vice-Rois, vallent plus d'un million d'écus.
Tecuba est une ville fort agreable pour ses jardins ; elle est bastie sur le chemin de Chapultepec. Au Sud de la ville de Mexique est Toluco, fort riche pour son trafic, & qui est
principalement renommée à cause du bon lard qui s'y fait, & que l'on envoye de tous
costez. Vers l'Occident est la ville nommée la Piedad, bâtie au bout d'une chaussée, il y
vient beaucoup de monde de la ville du Mexique, par une devotion qu'ils ont à une
Image de la Vierge, & les excessives richesses que l'on y voit sont de grandes marques
de la pieté de ces peuples.

Au Nort & à trois lieuës de Mexique est le lieu le plus divertissant de tous ses environs, nommé la Soledad, ou le desert, les Carmes Déchaussez y ont basty un beau
Cloistre sur une montagne entre des rochers, ils ont pratiqué dedans & autour plusieurs cavernes, taillées en forme de cellules ; il y avoit de mon temps, dans l'Eglise
qu'ils y ont, vingt lampes d'argent, dont la moindre estoit estimée quatre ou cinq cens
écus. Sur le chemin de la Soledad est une autre ville nommée Tacubaya, où les Capu-
cins ont un beau Cloistre, l'on y vient principalement pour ouïr leur musique, que ces

Peres ont si bien apprise aux Indiens, qu'ils n'en doivent rien à ceux de l'Eglise Cathedrale de Mexique.

Proche la province de Themistitan est celle de Guastachan, sur la route de S. Jean de Ulhua au Mexique; elle n'est pas si pauvre que la fait Heylin, car elle a beaucoup de moulins à sucre, & de lieux où l'on recueille de la Cochenille; elle s'estend jusqu'à la vallée de Guaxaca, qui est tres-fertile. Tlaxcallan estoit autrefois la ville capitale de cette province, mais les principales d'aujourd'huy sont Guaxaca & Xalappa, toutes deux érigées en Eveschez, c'est d'elles qu'elle tire son principal ornement. Elle a aussi Villarica, qui est une ville maritime tres-riche, à cause que tous les vaisseaux qui vont ou viennent de la nouvelle Espagne s'y arrestent, & deux Colonies Espagnoles, Pamico & Sant Iago.

Mechoacan est la troisième partie du Mexique, elle a de circuit 80. lieuës, le terroir en est fort fertile, planté de meurriers, il s'y fait quantité de soye, l'on y ramasse beaucoup de miel, de cire & d'ambre noir, mais sur tout elle est renommée à cause des beaux ouvrages de plumes qui s'y font; & les rivieres qui l'arrosent nourrissent une si grande abondance de poisson, qu'elle en tire son nom, car Mechoacan en Mexicain signifie lieu de pesche.

La langue de ces Indiens est fort riche, ils sont de bonne taille, & élegans, forts, spirituels, de bon sens, & industrieux, comme il se voit par leurs ouvrages, specialement par ceux qu'ils font de plumes, qui ont merité souvent d'estre presentez aux Rois d'Espagne.

L'on nomme Valladolid la ville capitale de cette Province; c'est aussi un siege Episcopal; les meilleures villes sont, Sinsonte, où le Roy de cette contrée faisoit autrefois sa residence, Pascuar, & Colima, qui sont fort grandes, & habitées par des Espagnols & des Indiens. Elle a deux bons ports, le port de S. Antonio, & le port de Sant Iago. Du temps que Cortez conquit le Mexique, cette province avoit presque autant d'estenduë toute seule que l'Empire du Mexique; Caconzin, Roy de Mechoacan, fit amitié avec Cortez, & fut toujours devoüé pour les Espagnols, qu'il reconnut pour ses maistres, jusqu'au temps de Nuño de Guzman President de la Justice du Mexique, qui en passant par Mechoacan prit Caconzin sans qu'il fist de resistance, & après avoir tiré de luy 10000. marcs d'argent, beaucoup d'or & d'autres richesses, il le fit brûler avec les principaux de son Royaume, sans autre raison que celle d'arrester les plaintes qu'il auroit pû faire d'un traitement si injuste.

La quatriéme & derniere province du Mexique est Gallicia nueva, ses rivieres sont celles de Piastelle, & San Sebastien. Entre plusieurs villes habitées d'Espagnols & d'Indiens, qui rendent cette province fameuse, Xalisco est la principale, Guadalaiara la seconde, Conium Metropole, Compostella la quatriéme, San Spiritu la cinquiéme, & Capala, maintenant appellée nueva Mexico, la sixiéme. Les Espagnols de cette derniere ville sont tous les jours aux mains avec les Indiens qui sont au Nord, sans en pouvoir venir à bout, car ils sont braves, se retirent dans les roches & dans les montagnes, & quoiqu'ils n'ayent que des arcs & des flèches, ils ne laissent pas de se bien defendre, viennent au combat avec de grands cris, sautent d'une roche à l'autre, & tuent beaucoup d'Espagnols. Ce sont de là les riches mines de San Luis de Sacatecas, d'où l'on apporte à la maison des mines du Mexique, & de la Puebla de los Angeles, tout l'argent qui s'y monnoye, il en passe tous les ans pour six millions en Espagne. Les Espagnols travaillent à les subjuguer avec application, car à mesure qu'ils avancent vers le Septentrion, ils découvrent de nouvelles richesses; & d'ailleurs ils ont à craindre que les Anglois ne les previennent & ne s'en rendent les maistres en venant de la Virginie & de leurs autres Colonies. J'ay entendu dire à ce propos aux Espagnols, qu'ils s'estonnoient de ce que les Anglois n'estoient pas entrez plus avant dans les pays; que pour eux, lorsqu'ils seroient venus à bout de ces Indiens, ils les viendroient chercher jusque dans la Floride & la Virginie, pour les en chasser.

Quivira est la plus Occidentale des dépendances du Mexique, opposée à la Tartarie, c'est une raison pour quelques-uns de croire que les Tartares ont habité les premiers l'Amérique; à la verité les peuples qui l'habitent leur ressemblent en plusieurs coutumes & façons de faire, la rudesse des mœurs, & la maniere d'agir de ses habitans, marquent qu'ils tiennent beaucoup des Tartares; d'ailleurs Quivira, & tout le costé Occidental de l'Amérique, qui confine avec l'Asie, est beaucoup plus peuplé que celuy de l'Orient, ce qui fait croire que cette partie a esté habitée la premiere; si le costé Occidental n'est pas joint à la Tartarie, il n'en est separé que par un fort petit destroit; les habitans de Quivira, les plus proches de la Tartarie, changent de demeures selon les saisons de l'année, & vont aux endroits où il y a des pasturages pour leurs bestiaux, de mesme que les Tartares. Tout ce costé de l'Amérique est couvert de pasturages, & jouit d'un air fort temperé. Les peuples qui l'habitent sont plus d'estime du verre que de l'or ; en quelques endroits ils mangent de la chair humaine. Leurs vaches sont leurs plus grandes richesses, ils couvrent leurs maisons de leurs peaux, ils font du fil de leur poil, & des cordes de leurs nerfs, des outres pour porter de l'eau, de la peau de leurs veaux, ils boivent leur sang, leur chair est leur nourriture ordinaire, & la siente de ces animaux leur tient lieu de bois à brûler.

On croit que ces peuples ont quelque commerce avec ceux de la Chine, les Espagnols n'ont pas encore penetré fort avant de ce costé-là, mais ils disent que lorsque Vasquez Coronado conquit Quivira, il vit dans la mer, loin de la coste, un vaisseau qui n'estoit pas fait comme les nostres, mais plus semblable à ceux de la Chine, & qu'il y avoit un Pellican dépeint à son pavillon. Quivira selon les Espagnols contient Cibola, & la nueva Albion ; Cibola est vers l'Orient, sa ville capitale est aussi nommée Cibola, Totonaa est la seconde, l'air y est temperé, & elle est scituée fort agreablement sur le bord de la riviere dont elle porte le nom. Sa troisiéme ville considerable est Tinguez ; les Jesuites y ont un College pour la conversion de ces Indiens.

Jucatan est le troisiéme Royaume ou division de l'Amerique Septentrionale Espagnole, & fut découvert par Hernando de Cordoüa l'année 1517. Jucatan en Indien signifie, Que dites-vous ? Les Espagnols ont ainsi nommé ce Royaume, parce qu'ayant demandé aux habitans le nom de leur pays lorsqu'ils le découvrirent, comme ils n'entendoient pas l'Espagnol, ils leur répondirent Jucatan, c'est à dire que dites-vous ? quelques-uns ont dit mal à propos, que ce nom luy venoit de Joctan fils de Heber, qu'ils font venir de l'Orient habiter ce pays-là. Jucatan est une peninsule vis-à-vis de l'Isle de Cuba, qui a au moins 900. milles de circuit, elle est divisée en trois parties, Jucatan, Guatemala, & Acasamil ; les principales villes de Jucatan sont, Campeche, Valladolid, Merida, Simaricas, & Caire, qu'ils nomment ainsi à cause de sa grandeur & de sa beauté. Les Espagnols tiennent que ce pays n'est pas riche ; ses principales marchandises sont, du miel, de la cire, des cuirs, & un peu de sucre, il n'y a point de Cochenille, d'Indigo, ny de mines, mais en recompense diverses drogues fort estimées, & principalement la Canna fistula, la Zarzaparilla, & quantité de Maiz. Il y a aussi grande quantité de bois propre à bastir des vaisseaux, aussi les Espagnols y en bastissent-ils de tres-forts, dont ils se servent pour leurs retours en Espagne.

La seconde partie du Royaume de Jucatan est nommée Guatamala, où j'ay demeuré prés de 12 ans : quoique les Espagnols ayent fait mourir cruellement plus de 500000. de ses habitans, elle ne laisse pas d'avoir les plus grandes villes & les plus peuplées d'Indiens de toute l'Amerique. Cette province est fort fertile, ses principales villes sont, Guatemala, Cassuca, & Chiapa.

L'Isle d'Acasamil, ou plus ordinairement appellée par les Espagnols Santa Cruz, fait la troisiéme & derniere partie du Royaume de Jucatan, elle est vis-à-vis de Guatemala, Santa Cruz est sa ville capitale.

La quatriéme partie de l'Amerique septentrionale & Espagnole, car je ne me suis pas informé des autres, est Nicaragua : elle est au Sud-Est, à environ 450. lieües du Mexique, & luy est semblable en quelque façon pour son terroir, & ses habitans qui sont de belle taille, & d'une couleur tirant sur le blanc. Cette province est si delicieuse & si fertile, que les Espagnols la nomment le Paradis de Mahomet. Entre plusieurs arbres qui y croissent il y en a un qui fait secher sur le champ celuy qui touche la moindre de ses branches. L'on peut dire qu'il y a là autant de Perroquets, que de Corneilles en Angleterre. Les Cocqs d'inde & autres volailles, les Cailles & les Lapins sont les mets les plus ordinaires des habitans de cette province. Elle a plusieurs villes tres-peuplées, mais non pas tant que celles de Guatemala ; les principales sont la ville de Leon siege Episcopal, & Granada qui est bastie sur un lac d'eau douce d'environ 500. milles de circuit, qui a flux & reflux, quoiqu'il n'ait pas de communication visible avec la mer.

Je ne dis rien icy du Perou, parce que Gages n'en parle que par ouy-dire.

L'an 1637. comme j'estois à Panama pour retourner en Angleterre, il y arriva environ vingt Indiens payens, qui venoient avec un signal de paix, traiter avec le President de ce lieu, promettant de se ranger sous l'obeissance du Roy d'Espagne ; mais l'on me dit aprés à Carthagene, qu'il n'y eut rien d'arresté, les Espagnols n'osant se fier à ces peuples qui ont tant de fois pris les armes pour se venger de leurs cruautez ; ces Indiens estoient fort propres, grands & bien proportionnez, il y en avoit un entr'eux qui avoit les cheveux d'un roux le plus ardent que j'aye jamais veu, il avoit des pendans d'oreille d'or, d'autres avoient de petites pieces d'or en forme de demy-lune penduës à leur lévre d'enhaut, qui sont des marques des grandes richesses qui sont chez eux.

L'Amerique a de grandes Isles qui l'environnent, celle de sainte Marguerite qui en est une, ne produit point de bled, d'arbres, ny aucunes herbes; elle n'a mesme point d'eau, mais les perles qu'ils y trouvent, la rendent considerable, & fait que l'on s'y passe de ce qui est le plus necessaire à la vie de l'homme; des marchands fort riches qui ont jusqu'à 50. Negres, y demeurent pour pescher des perles dans les roches qui environnent cette Isle, & ausquels il faut que leurs maistres se fient pour le nombre de perles qu'ils ont peschées. Ce qui se fait ainsi. On descend les Negres au fond de la mer dans une espece de corbeille, & l'on les y laisse jusques à ce qu'ils tirent la corde avec quoy on les a descendus, & alors on les remonte. J'ay entendu dire à de ces Marchands qui faisoient pescher des perles, qu'ils nourrissent principalement leurs Negres de rôty durant qu'ils peschent, afin qu'ils puissent retenir plus long-temps leur haleine sous l'eau. L'on porte à Carthagenes les perles qui se peschent à Ste Marguerite, pour y estre percées : elle a une grande rue où il n'y a que des boutiques de gens qui ne font autre chose que de percer des perles. Tous les ans vers le mois de Juillet l'on équipe un vaisseau ou deux pour porter à Carthagene le revenu que payent au Roy d'Espagne les Marchands de l'Isle de Ste Marguerite, avec les perles qui s'y peschent, & chacun de ces vaisseaux est estimé ordinairement 60. ou 80 mille ducats, ou davantage; ces vaisseaux sont toûjours bien armez à cause de Pirates Anglois & Hollandois.

Comme j'estois à Carthagene l'an 1637. un vaisseau Anglois venant de l'Isle de la Providence, attaqua un vaisseau chargé de cette riche marchandise, & l'avoit déja contraint à demander quartier, lorsque deux vaisseaux Hollandois qui survinrent pretendirent avoir part à cette prise. Mais pendant qu'ils s'amusoient à contester, le vaisseau Espagnol se retira sous une petite Isle qui est là proche, l'on déchargea à la haste ses perles, on les cacha dans un bois de l'Isle, & les Espagnols mirent le feu à leur vaisseau; il partit après de Carthagene un vaisseau armé en guerre pour aller querir ces perles dans le bois, où il ne s'en trouva pas la troisiéme partie de ce que l'on y avoit caché.

La Jamaique est une autre Isle possedée par les Espagnols, elle a 280. milles de long, & 70. de large, elle vaut mieux que l'Isle de sainte Marguerite, car elle a de belles fontaines & ruisseaux, mais elle luy est de beaucoup inferieure en richesses. Les principales marchandises que l'on en tire sont, quelques cuirs, des sucres, & du tabac. Elle n'a que deux villes considerables, Oristana, & Sevilla; l'on y bastit d'aussi bons vaisseaux qu'en Espagne; cette Isle estoit autrefois fort peuplée, mais les Espagnols en ont fait mourir plus de 600000 habitans, & les femmes de cette Isle aussi bien que celles de la terre ferme, étouffent leurs enfans dés qu'ils sont nez, afin de les delivrer de la tyrannie d'une nation si cruelle.

Bien loin au de-dà de ces deux Isles est celle de Cuba, elle a 300 milles de long, & 75 milles de large. Elle est diversifiée de forests, de lacs & de montagnes. L'air y est fort temperé, la terre fort fertile, elle a des mines de tres-bon cuivre, force gingembre, casse, mastic, & aloes; l'on y a trouvé autrefois un peu d'or, mais il estoit de bas aloy. Il y croist un peu de canelle, de caña fistula, de zarzaparilla & de sucre, toutes sortes de bestiaux & de gibier s'y trouvent en grande abondance, la mer qui l'entoure nourrit quantité de poisson, & entr'autres des tortues. Il y a aussi des cochons en si grande abondance, que les vaisseaux qui s'en retournent en Espagne, en font leur principale provision.

Les principales villes de l'Isle de Cuba sont, S. Iago & Havana, qui est bastie sur le bord septentrional de l'Isle. Elle a une rade tres-seure pour les vaisseaux; c'est l'étape des marchandises, & les Espagnols l'appellent la clef de toutes les Indes Occidentales, & l'entrée de toute l'Amerique; les vaisseaux du Roy d'Espagne viennent mouiller à ce port; & les vaisseaux marchands s'y rendent des divers ports des pays que je viens de nommer. En un mot toutes les richesses de l'Amerique, qui consistent en droits revenus du Roy, & en denrées des Marchands, y sont assemblées au mois de Septembre: l'année que j'y estois elles furent estimées à 10 millions, & ils y rencontre 53 vaisseaux qui en partirent de compagnie. Comme Havana est le magazin de toutes les richesses de l'Amerique, le principal soin des Espagnols a esté de la bien fortifier; il est vray qu'ils n'y ont rien épargné, les Espagnols la croyent imprenable, & se vantent d'avoir quatre places imprenables, Anvers Milan, Pampelone, & Havana. Cette ville a deux chasteaux tres-forts, l'un à la pointe du havre vers la mer, l'autre plus en dedans, quasi vis-à-vis du premier, ces deux Chasteaux resserrent cet havre tellement à son embouchure, qu'il n'y sçauroit entrer qu'un vaisseau de front à la fois; c'est pourquoy ces chasteaux peuvent empescher l'entrée du port à plusieurs centaines de vaisseaux. J'ay esté dans le principal de ces chasteaux, il est tres-fort du costé de la mer, mais il me parut foible du costé de la terre. Entre plusieurs pieces de canon il y en avoit douze de fonte fort gros, qu'ils nomment les douze Apoſtres.

L'Hiſpaniole eſt la plus grande Iſle qui ait eſté découverte juſqu'à cette heure ; car elle à 1500. milles de circuit, l'air y eſt temperé, la terre fertile, & riche en mines, ſes habitans font grand trafic d'ambre, de ſucre, de gingembre, de peaux & de cire ; les herbes & les legumes que l'on y porte de l'Europe y viennent ſi viſte, qu'on en peut manger 24. jours aprés qu'on les a ſemez.

Son or eſt plus pur que celuy que l'on tire de l'Iſle de Cuba, ſes cannes de ſucre ſont d'un tres-grand rapport, la terre y eſt ſi fertile, qu'elle rend au centuple ; les quatre rivieres qui arroſent cette Iſle en ſont cauſe, elles prennent leurs ſources à une meſme montagne qui eſt au milieu de l'Iſle, la Juna prend ſon cours vers l'Eſt, Attihinnacus vers l'Oueſt, Jacchus vers le Nord, & Nahus vers le Sud. Cette Iſle eſt ſi pleine de pourceaux & de beſtail, que les vaiſſeaux qui paſſent par là en font leurs proviſions.

La cruauté des Eſpagnols en a fait mourir preſque tous les habitans. San Domingo eſt la capitale, elle a une Audience tenuë par un Preſident & ſix Conſeillers ; c'eſt auſſi un Archeveſché qui ne rend pas à la verité tant que celuy de Mexique, ny de Lima, mais qui ne laiſſe pas d'avoir la prééminence, car c'eſt le Primat de toutes les Indes, à cauſe que les Eſpagnols ont conquis cette Iſle là premiere. Elle a outre cela les villes de Santa Iſabella, S. Thomé, S. Juan, Maragua, & Porto, qui ſont toutes fort riches & marchandes.

Les Biſcayens, & les Eſpagnols de Caſtille & d'Eſtremadure qui ſont en Amerique, & ſpecialement au Perou, ont une haine mortelle les uns contre les autres, qui a mis ſouvent cet Eſtat à deux doigts de ſa ruine.

La meſme haine regne entre les Criolos, ou Eſpagnols nez dans les Indes, & ceux qui viennent d'Eſpagne ; ceux-cy les appellent Indiens, & les traitent comme des gens qui ont deſſein de ſe ſeparer de leur Monarchie ; on ne permet point par cette raiſon qu'ils parviennent à aucune charge conſiderable, en effet on n'en a jamais veu de Vice-Rois du Mexique ny du Perou, de Preſidens de Guatemala, ſanta Fé, S. Domingo, ou de Gouverneurs de Jucatan, Carthagene, Havana, ou d'Alcaldes de Socovuzco, Chiapa, ou de ſan Salvador, qui ſont les principales charges des Indes Occidentales, quoiqu'entre ces Eſpagnols-Indiens ou Criollos il y en ait qui deſcendent des Cortez & des Pizars, les premiers conquerans du Mexique & du Perou. Cette haine eſt ſi grande, qu'il n'y a point de domination qu'ils n'aimaſſent mieux que celle des Eſpagnols, & ſi les Hollandois euſſent pouſſé leur victoire lorſqu'ils prirent Truxillo dans le Honduras, ces Criollos les auroient ſans doute reçus ; ils ſe joignirent avec l'Archeveſque D. Alonzo de Zerna, contre le Vice-Roy du Mexique, & ſi on ne les euſt retenus, ils auroient deſlors ſecoüé le joug.

Les Caſtillans par la meſme politique ne ſouffrent point que dans les maiſons Religieuſes les Criollos entrent dans les premieres charges, & avec tout cela ils n'ont pas pû empeſcher que dans quelques provinces de l'Amerique, les naturels n'ayent pris le deſſus, & ne ſe ſoient tellement fortifiez contre les Caſtillans, qu'ils ne reçoivent plus de recruës, ou de nouvelles Miſſions d'Eſpagne. Il y a des Jacobins dans le Mexique, des Cordeliers, des Religieux de S. Auguſtin, des Carmes, des Religieux de la Mercy, mais entre tous ces Religieux, il n'y a que les Jeſuites & les Religieux de la Mercy qui ſe ſoient maintenus contre les naturels, & reçoivent tous les deux ou trois ans des Miſſionnaires d'Eſpagne. Ceux de la Mercy, dans le Chapitre qui fut tenu à la ville de Mexique pour l'élection de leur General, en vinrent aux mains & aux couteaux avec les Criollos, juſques là que le Vice-Roy fut obligé d'y aller luy-meſme pour les mettre à la raiſon.

Il y a en toute l'Amerique 4. Archeveſchez, S. Domingo, Mexico, Lima & ſanta Fé, dont dépendent environ 36. Eveſchez. Le gouvernement & l'adminiſtration de la Juſtice, eſt commiſe aux Vice-Rois qui reſident à la ville de Mexique, & à Lima, & d'autres Juges ſubalternes, comme Preſidens, Gouverneurs, & Alcades majors, excepté le Preſident de Guatemala & celuy de S. Domingo ; dont le pouvoir eſt auſſi abſolu que celuy des Vice-Rois, & les Officiers qui ſont au deſſous d'eux ne reconnoiſſent que la Cour d'Eſpagne.

Mon deſſein, comme j'ay dit, eſtoit au ſortir d'Eſpagne de paſſer aux Philippines en qualité de Miſſionnaire ; mais ayant changé depuis de deſſein, je reſolus avec quatre de mes camarades, pour éviter la contrainte à laquelle je m'eſtois engagé d'aller à Guatemala, où l'on m'avoit aſſuré que les Religieux eſtoient fort bien reçus. Nous partimes à cheval de la ville de Mexique le 15. Fevrier, n'ayant entre nous que 49. écus pour faire ce voyage qui eſt de 900. lieuës, nous partimes à dix heures du ſoir pour gagner Atlitonqui eſt dans une vallée de bien 20. milles au moins de tour, à qui elle donne ſon nom, elle eſt fort renommée dans le pays, à cauſe de la grande quantité de grains que l'on y recueille tous les ans, & dont elle fournit la ville de Mexique, & celles des environs.

L'on trouve dans cette vallée plusieurs habitations d'Espagnols & d'Indiens. Nous allions de ferme en ferme, où nous estions bien traitez par ces riches fermiers & païsans qui ont beaucoup de respect pour les Prestres ; nous commençames-là à nous r'assurer de la peur, & ne voulûmes plus aller la nuit, mais jouïr de la belle perspective de cette vallée en allant le jour. De cette vallée nous en traversâmes une autre appellée la vallée de S. Pablo, laquelle quoique moins grande que celle d'Atlisco, est neanmoins estimée plus riche, car on y fait deux recoltes tous les ans. Les premieres semences se font lorsqu'il commence à pleuvoir, & croissent dans la saison ordinaire de la pluye, la seconde se fait en Esté aussi-tost que la premiere recolte est faite ; ils l'aident avec l'eau de plusieurs torrens qui tombent des montagnes qui environnent cette plaine, & ils laissent sur leurs grains l'eau tant qu'ils veulent, & la font écouler de mesme. Les païsans y vivent du revenu de leurs fermes, entre lesquelles il y en a que l'on estime depuis vingt jusqu'à quarante mille ducats. Nous nous trouvâmes par bonheur chez un païsan qui estoit du pays d'un de mes compagnons, lequel pour l'amour de luy nous logea trois jours durant. Sa table estoit aussi bien couverte que celle d'un grand Seigneur ; on nous servoit en vaisselle d'argent ; il n'épargnoit aucune chose pour nous bien traiter, pas mesme les parfums & la musique ; il nous fit present de vingt ducats, & nous donna en partant un guide pour nous conduire tout le long du jour.

De cette vallée nous passâmes à Tasco ville d'environ 500. habitans, qui font grand trafic de coton qu'ils recueillent en abondance. De là nous gagnâmes le chemin de Guaxaca, & allâmes à Chautla, où il y a aussi quantité de cotton, tout proche de là est une grande ville appellée Zumpango, qui a au moins 800. habitans, tant Espagnols qu'Indiens, entre lesquels il y en a de fort riches. Les principales marchandises dont elle trafique, sont du cotton, du sucre & de la cochenille. Proche de cette ville sont les montagnes de la Misteca, où sont basties plusieurs grandes & riches bourgades qui trafiquent de la meilleure soye de tout le pays, de quantité de cire & de miel ; leurs habitans portent ces marchandises à la ville de Mexique & aux lieux circonvoisins avec vingt ou trente mulets, & en rapportent d'autres marchandises en échange. Il y a de ces Indiens riches de douze à quinze mille ducats : sommes considerables pour des gens qui ont des Espagnols pour maistres.

Le pays est fort fertil en grains, sucre, cochenille, miel, cotton, plantines & autres fruits qui y croissent en grande abondance ; mais il y a sur tout force bestes à cornes, dont les cuirs sont une des meilleures marchandises qui entrent en Espagne. Quelques-uns disent que l'on a trouvé autrefois beaucoup d'or vers les montagnes de Misteca, que ses habitans s'en servoient communément, maintenant ils ne connoissent plus ce metail, tant l'avidité des Espagnols & la misere où ils ont reduit ces peuples est grande. Il y a aussi des mines d'argent, que les Espagnols n'ont pas encore trouvées. Pour celles de fer ils ne se veulent pas donner la peine d'y travailler, trouvant mieux leur compte à le faire venir d'Espagne. De là nous fusmes à la ville de Guaxaca, cette ville est petite, mais belle ; c'est un Evesché, elle est distante de 80. lieuës de la ville de Mexique, & bastie dans une plaisante vallée, & c'est de là que Cortez a pris le titre de Marquis della Valle. Cette ville comme toutes les autres de Mexique, horsmis les places maritimes, n'a aucunes fortifications, pas mesme de muraille n'y d'artillerie pour la defendre : elle est habitée par deux mille habitans au plus, & gouvernée par un Alcade Major Espagnol, qui a la jurisdiction de toute cette vallée jusqu'à Tecocentepec, ville bastie sur les bords de la Mer du Sud. Cette vallée a au moins 15. lieuës de long & 10. de large, une riviere fort poissonneuse la coupe par le milieu, elle nourrit de grands troupeaux de bestes à laine ; que ceux de la ville de los Angeles employent dans leurs draps ; les Marchands d'Espagne en tirent des cuirs ; & beaucoup de Religieux leur subsistance ; ils y ont des Eglises fort magnifiques, & principalement le Cloistre des Dominicains, dont le tresor est estimé deux ou trois millions, & son bastiment le plus beau & le plus solide de tout le pays. Cette vallée est encore fameuse par ses sucres & par ses conserves, mais sur tout par la bonté des chevaux que l'on en tire.

La ville de Guaxaca est encore riche à cause de la commodité qu'il y a d'y porter & rapporter les marchandises au port de S. Jean de Ulhua par la grande riviere Alvarado qui passe proche, neanmoins les vaisseaux ne viennent pas jusqu'à Guaxaca, mais ils demeurent à Zapoteca, & à S. Idefonso, qui en sont proche ; & la negligence des Espagnols est si grande, que le long de cette riviere, qui porte jusqu'au cœur d'un pays si riche, ils n'ont basti aucune forteresse pour s'en assurer la possession, se reposant sur ce que les grands vaisseaux ne la peuvent pas remonter, & que les petits ne leur peuvent pas faire grand mal. Enfin l'air de la ville de Guaxaca est si temperé, elle est si abondante en fruits & autres choses pour la nourriture des hommes, & bastie dans une situation si commode entre la mer du Nort & celle du Sud, qu'il n'y a point d'endroit que j'eusse plus volontiers choisi, si mon intention eust esté de passer ma vie en Amerique; mais j'appris que les Religieux Criollos ou natifs du pays estoient ennemis des Religieux qui viennent d'Espagne, c'est pourquoy nous n'y demeurâmes que trois jours, au bout desquels nous en partîmes pour Chiapa, qui en est à 300. lieuës. En continuant nostre chemin nous apprîmes à nostre grande joye, que les habitans de la plûpart des villes par où nous avions à passer, avoient reçu ordre du Conseil du Mexique, de nourrir les Religieux qui passeroient par là, & de leur donner des montures & des bestes de somme pour porter leur bagage sans argent, s'ils n'en avoient point, pourvû qu'ils écrivissent en passant sur le livre de la ville, ce où ils auroient dépensé, ne demeurant toutefois pas plus de 24 heures en chaque ville, laquelle dépense les Officiers de ces villes estoient obligez d'extraire du livre des villes à la fin de l'année, & de la rapporter à l'Audience ou Tribunal duquel elles dépendent, & ces dépenses estoient allouées sur ce que la ville devoit au Tresor; il y avoit aussi un ordre de semer tous les ans du bled & du maiz pour les passagers.

La premiere grande ville que nous rencontrâmes, aprés estre partis de Guaxaca, fut Antequera; nous y fîmes bonne chere, & le lendemain estant prests à partir, nous demandâmes le registre de la ville, sur lequel nous écrivîmes la dépense que nous avions faite & celle de nos chevaux, & partîmes aprés l'avoir signée; mais nous ne trouvâmes pas la même facilité, dans quelques petites villes d'Indiens, qui s'excusoient de nous nourrir sur leur pauvreté & sur ce que nous estions quatre & avions quatre chevaux, ce qui nous fit resoudre à prendre un plus long chemin pour passer par de grandes villes. Nixapa fut la premiere que nous trouvâmes sur ce chemin aprés Antiquera, qui est habitée par environ 800. tant Espagnols qu'Indiens, elle est bastie sur un bras de la grande riviere Alvarado; elle passe pour une des plus riches villes de toute la contrée de Guaxaca, car l'on y fait beaucoup d'Indigo, de Sucre & de Cochenille; il y croist beaucoup d'arbres de Cacao, & de ceux d'Achiote, dont on fait la Chocolate, ce sont deux sortes de marchandises qui ont grand cours en ces quartiers-là.

De là nous allâmes à Aquapulco, puis à Capalita grandes villes aussi basties dans une plaine abondante en bestes à cornes & à laine, & en excellens fruits, principalement en Pignas & en Sandias, fruits plus gros que des melons, & si pleins d'eau, qu'ils fondent dans la bouche & rafraichissent fort, ce qui les fait fort estimer dans un lieu comme celuy-là où les chaleurs sont excessives. La ville la plus proche & la plus considerable qui se trouve aprés Capalita, est Tecoantepeque, bastie sur le bord de la mer du Sud, avec un bon havre pour de petits vaisseaux. ceux de ces quartiers là qui vont trafiquer à Acapulco, à la ville de Mexique, Relaio, Guatemala, & quelquefois mesme à Panama, s'y viennent rafraichir, comme aussi les vaisseaux qui vont du Perou à Aquapulco. Ce port n'est pas fortifié, & si quelques vaisseaux Anglois ou Hollandois se presentoient pour y entrer, ils trouveroient fort peu de resistance, & s'ouvriroient un chemin aisé, pour penetrer par là bien avant dans ce pays.

Depuis Aquapulco jusqu'à Panama, qui est une distance d'environ deux milles lieuës par terre, le long du bord de la mer du Sud, il n'y a point de ports que celuy-là, la Trinité, qui est le port de Guatemala, Relaio, celuy de Nicaragua, & le Golphe de Salina, pour la CostaRica, mais ces ports ne sont que pour de petits vaisseaux, il n'y a ny munitions ny artillerie, ce sont des entrées ouvertes pour les avanturiers. Il se fait au port de Tecoantepec, une pesche fort riche; le poisson s'en sale, & se transporte par tout le pays de Mexique. Le trafic des Philippines, le commmerce du Perou, & sur tout celuy qu'ils font de port en port, a enrichy beaucoup de ses habitans.

L'on peut aller de là à Guatemala toûjours le long du bord de la mer; mais nostre dessein estoit pour la ville de Chiapa; nous prîmes donc nostre chemin par les montagnes nommées Quelnes, aprés avoir passé Estepeque, nous entrâmes dans une plaine tellement battue des vents de la mer du Sud, qu'elle est inhabitable, pour moy j'y crus devoir finir mes jours; car m'estant égaré de mes camarades, je passay seul la nuit dans ce desert, où les hurlemens des Tigres & des Loups auroient fait mourir de peur une personne plus resoluë que je ne le suis naturellement. Un Indien que mes camarades avoient envoyé pour me chercher, me conduisit à Estepeque où ils estoient; j'appris là que ces Loups & ces Tigres qui m'avoient fait tant de peur, attaquoient rarement les hommes; que cette plaine nourrissoit une prodigieuse quantité de bestail & de haras de chevaux, mesme de ceux qui sont sauvages: qu'elle a cinq villes, belles, riches, abondantes en toutes sor-

tes

tes de vivres, & font , Tecoantepeque, Estepeque, Ecatepeque, Sanatepeque, & Tapanatepeque. De la troisiéme de ces villes l on découvre les hautes montagnes de Quelnes, par où nous devions passer. Ce sont les montagnes du plus dangereux passage qui
soient dans tout ce pays ; quoique leur seule veuë nous épouventast, nous ne laissâ-
mes pas de nous y engager , & nous allâmes à Tapanatepeque, où nous fumes tres-bien
reçus par les Indiens. Cette ville est tres-belle, bâtie au pied des montagnes de Quelnes,
fort abondante en toutes sortes de vivres : il y demeure de riches Indiens, qui ont des fermes où ils nourrissent jusqu'à trois & quatre mille testes de bestail. La volaille & le
gibier y sont fort communs,& la meilleure marée qui se mange dans tout le Mexique, car
la mer en est fort proche ; elle a encore beaucoup de poisson d'eau douce, n'estant pas loin
d'une petite riviere qui en fournit de toutes les sortes. Les Indiens arrosent leurs jardins
des eaux qui descendent en grande quantité de ces montagnes : leurs Orangers, Citron-
niers, Figuiers, & autres arbres semblables, les fournissent abondamment de fruits, & les
defendent de l'ardeur du Soleil, qui autrement seroit insupportable.

Le lendemain de nostre arrivée à Tapanatepeque le temps estoit si calme, que nous vou-
lumes partir, de peur qu'il ne changeast ; mais les Indiens nous convierent à disner, nous
assurant que ce temps calme dureroit encore quelques jours. Aprés le disner nous resolu-
mes de partir pour monter la montagne de Maquilapa, & ils nous donnerent des montures, & deux hommes pour nous guider, & porter nos provisions ; nous n'en avions pris
que pour un jour, car l'on vient au sommet de cette montagne par où passe le chemin
de Chiapa, aprés sept lieuës de marche, & l'on trouve à trois milles au delà une des plus
riches fermes de tout le pays de Chiapa, où nous sçavions que nous serions bien reçus
par D. Jean de Tolede à qui elle appartient. La nuit estant venuë, ces Indiens nous con-
soloient de la peine que nous avions à grimper, en nous faisant esperer du beau temps, &
que nous serions le lendemain à midy avec Don Jean de Tolede. Nonobstant leur con-
jecture, le lendemain le vent augmenta de plus en plus, à mesure que nous montions, &
comme nous estions à my-coste, la resolution estoit déja prise de retourner sur nos pas,
lorsque les Indiens nous dirent qu'à environ un mille plus haut il y avoit une fontaine,
& une maison bastie exprés pour y recevoir les voyageurs quand la lassitude ou l'appre-
hension des vents leur fait chercher une retraite ; nous marchâmes donc avec beaucoup
d'empressement pour la gagner, le vent se renforçoit toûjours, & pour surcroist de
maux la nuit survint, il la fallut passer au pied d'un citronnier, qui nous donna le sou-
per & le couvert. Le lendemain quoique le vent fust encore plus violent, nous ne laissâ-
mes pas d'avancer chemin sans autre provision que nos citrons & l'eau de la fontaine ;
mais nous nous mismes à la fin à la mesme boisson que les Indiens, qui avoient pris chacun un petit sac plein de poudre de Maiz, dont il font auparavant des galetes qu'ils cui-
sent dures comme du biscuit, & les reduisent apres en poudre, en mettent dans de l'eau,
& la boivent en voyageant ; nous en trouvâmes l'usage meilleur que celuy des limons,
& l'eau pure. Le vent augmentoit toûjours, un homme de nostre troupe s'offrit d'avan-
çer une mille ou deux à pied, pour reconnoistre le passage,& voir de plus prés le danger,
afin de nous en venir dire des nouvelles ; il revint avec des assurances que nous pouvions
passer en menant nos mulles par la bride ; aprés quelques contestations l'on prit ce party ; nous partîmes donc le lendemain, & comme le chemin en quelques endroits estoit
fort estroit, l'on mit pied à terre ; mais ce fut au plus haut de la montagne de Maquilapa
*que nous vismes de prés le danger dont on nous avoit menacez, le chemin est fort étroit,
taillé dans la pente de cette montagne tres-haute, la mer en bat le pied, & soit qu'on tour-
ne les yeux vers ces abysmes, ou que l'on mesure la hauteur des roches qui sont à la gauche, la veuë & l'imagination en sont également troublées : pour ne les point voir
nous nous mismes à quatre pattes, & nous marchions sur les traces que les hommes &
les mules y avoient marquées. Lorsque le chemin commença à s'élargir, & que les arbres que nous rencontrâmes nous promirent quelque abry, nous considerâmes avec
plaisir le dangereux chemin par où nous avions passé, accusant nostre temerité, & celle
des voyageurs qui hazardent ce chemin, cependant qu'il y en a un autre plus seur qui
n'est que de dix milles plus long. D. Jean de Tolede nous reçut fort bien dans sa ferme ;
nous en partîmes aprés y avoir esté deux jours, pour aller à Acupala grande ville de la
province de Chiapa, habitée par des Indiens, & bastie sur le bord de la riviere qui passe
proche de la ville nommée Chiapa de los Indios, pour la distinguer de Chiapa Real, autrement Chiapa de los Españoles. De Acapala nous fusmes à Chiapa de los Indios, qui
est presque aussi enfoncée que la montagne de Maquilapa est haute ; cette ville est bastie
sur le bord d'une riviere large comme la Tamise l'est à Londres, elle prend sa source aux

IV. Partie.   ***

*Qui signi-
fie en Me-
xicain teste
sans che-
veux.

montagnes de Cuchumatlanes sur le chemin de Chiapa Real à Guatemala, & coule vers la province de Zoques, où elle entre dans la riviere de Tabasco. Le Provincial de Chiapa nous reçut tres-bien, il envoya deux de mes camarades dans la province pour y apprendre la langue, & prescher ensuite les Indiens; je demeuray à Chiapa depuis le mois d'Avril jusques à celuy de Septembre, & j'eus tout ce temps-là pour observer le gouvernement & les particularitez du pays.

Ce pays passe auprés des Espagnols pour un des plus pauvres de l'Amerique, à cause qu'ils n'y ont point trouvé de mines, ny de sable d'or dans ses rivieres, & qu'il n'a aucun havre sur la mer du Sud, pour le transport des marchandises à Mexico, Guaxaca, & Guatemala. Cependant il est vray qu'il produit de riches marchandises qui luy entretiennent un trafic continuel avec ses voisins, car c'est l'endroit de toute l'Amerique d'où il se tire le plus de Cochenille; & d'ailleurs il rend beaucoup, à cause des grandes villes & fort peuplées qui en dépendent. Mais ce qui le devroit rendre plus considerable auprés des Espagnols, est sa situation entre Guatemala, Mexico, & la province de Jucatan, & que si un jour l'on y entroit par la riviere de Tabasco, la perte de ce pays entraineroit celle de toute la nouvelle Espagne.

Le pays de Chiapa est divisé en trois parties qui sont, Chiapa, Zeldales, & Zoques; celle de Chiapa est la plus pauvre des trois; Chiapa de los Indios est sa ville capitale. Toutes les autres villes & fermes qui sont du costé du Nord & de Maquilapa, en dépendent. La vallée de Capanabastla qui est tres-grande, & qui s'étend vers Soconuzco, en est proche, c'est aussi un Prieuré. Sa principale ville, & où le Prieur fait sa residence, s'appelle aussi Capanabastla, elle est habitée par environ 800. Indiens. La grande riviere qui prend sa source aux montagnes de Cuchumatlanes, arrose cette vallée, elle passe à Chiapa de los Indios, & de là à Tabasco. Elle est aussi fameuse à cause de la grande abondance de poisson qui se pesche dans cette riviere, & la quantité de bestial qu'elle nourrit, & dont elle fournit Chiapa Real, & toutes les villes d'alentour. Il fait fort froid à Chiapa & à Comitlan, à cause que ces villes sont basties sur des montagnes; les chaleurs au contraire sont insupportables dans la vallée de Capanabastla qui est au pied, & il y fait de grands tonneres depuis le mois de May jusqu'à la fin de Septembre. Elle a environ 40. milles de long, & 10. ou 11. de large. A l'autre bout de cette vallée est la ville de Sant Bartholomé. Toutes les autres villes de Chiapa sont du costé de Soconuzco; où il fait encore plus chaud & plus de tonneres, parce qu'elles sont plus proches de la mer. La principale marchandise de cette vallée, aprés les bestiaux, est le cotton, dont ils font une tres-grande quantité de manteaux à l'usage des Indiens, qui est une marchandise de grand debit en ces quartiers-là, & qu'ils échangent avec ceux de Soconuzco & à Xuchutepeque contre du Cacao, qui s'y recueille en grande quantité, ils ont avec cela abondance de tout ce qui est necessaire à la vie. L'argent n'y est pas si commun ny à Chiapa, qu'à la ville de Mexique & à Guaxaca, car au lieu que l'on n'y compte que par patagons & par pieces de huit, l'on ne compte icy que par testons qui ne valent qu'un demy patagon. La riviere qui passe par cette vallée, fait du bien à ses habitans, mais ils le payent cherement par le tort que leur font les Caymans ou Crocodils qu'elle nourrit, jusqu'à leur enlever leurs enfans & bestiaux, dont ils sont fort friands. Chiapa Real qui dépend aussi de cette province, est une des moindres de toute l'Amerique, car elle n'a au plus que 400. maisons d'Espagnols, & une centaine de maisons d'Indiens, qui forment le barrio de los Indios, comme le nomment les Espagnols, ou le faux-bourg des Indiens; il n'y a dans cette ville qu'une Cathedrale pour toute Eglise, un Convent de Cordeliers, un de Jacobins, & un de Religieuses fort pauvre. Le principal negoce que font ses Marchands, est de Cacao, & de Cotton, qui leur vient des pays des environs, de petites merceries, de sucre, & d'un peu de Cochenille, parce que le Gouverneur de Chiapa qui s'en reserve ordinairement le monopole, ne souffre pas qu'ils en trafiquent beaucoup, & qu'ils ayent part aux grands profits qu'il en tire. Tous ces Marchands ont leurs boutiques dans une petite place devant l'Eglise Cathedrale.

Les Dames de Chiapa se plaignent d'avoir l'estomach si debile, qu'elles ne peuvent entendre la Messe, & encore moins un Sermon, sans prendre de la Chocolatte. Lorsque j'y estois, leurs servantes leur en apportoient à l'Eglise dans des tasses, & comme il arrivoit ordinairement qu'elles la prenoient toutes en mesme temps, cela troubloit souvent le service. L'Evesque du lieu les voulut empescher, il les en reprit plusieurs fois en particulier & en public, mais ses sermons n'ayant servy de rien, il fit mettre des billets d'excommunication à la porte de l'Eglise contre celles qui y buroient de la Chocolatte; les femmes prennent la chose fort à cœur, protestent qu'elles ne s'en peuvent passer; elles employent tous leurs amis, je me trouvay un jour employé avec d'autres pour prier l'Evefque de revocquer fon Excommunication, mais inutilement, les dames demeurent fermes, continuent comme auparavant à boire de la Chocolate dans l'Eglife, paffent jufques à dire des injures à leur Pafteur, & la chofe alla fi avant, qu'un jour les Preftres ayant voulu ofter aux fervantes les taffes & la Chocolate, il y eut des épées tirées contr'eux, & un tres grand fcandale dans l'Eglife: elles concerterent entr'elles de n'aller plus à la Cathedrale, pour n'eftre point fous la correction de l'Evefque & de fon Clergé, elles furent toutes aux Eglifes des Moines, qui en profitoient beaucoup. L'Evefque pour les mettre à la raifon, fit publier que fur peine d'excommunication elles euffent à venir entendre la Meffe à la Cathedrale; & elles toûjours fermes & refoluës, laifferent paffer un mois entier fans entendre la Meffe. Enfin une de ces dames trouva moyen de faire empoifonner l'Evefque par le miniftere d'un de fes pages avec qui elle avoit commerce fecret, la verité eft que l'Evefque mourut, perfuadé du poifon, & qu'en mourant il offrit à Dieu fa vie comme un facrifice qu'il avoit fait à fon honneur & à celuy de fon Eglife.

A douze lieuës de Chiapa Real eft Chiapa de los Indios, une des plus grandes villes d'Indiens de toute l'Amerique, car elle contient au moins 4000. familles. Le Roy d'Efpagne a accordé beaucoup de privileges à cette ville. Elle eft ordinairement gouvernée par un Indien que le Gouverneur de Chiapa Real y met, parce qu'elle en dépend: le le Gouverneur Indien a permiffion de porter l'épée, & plufieurs privileges que les autres Gouverneurs Indiens n'ont pas. Cette ville eft fur le bord d'une grande riviere, fes habitans font fort adroits à toutes fortes d'exercices, principalement des armes, de la danfe, jeux & autres paffe-temps; ils font d'ailleurs fort braves, aiment fort à faire des feftes. Cette ville eft fort riche, par le trafic que plufieurs de fes habitans font avec les pays d'autour. Les vivres y font en grande abondance, mais la chaleur y eft fi exceffive, que les Indiens font obligez de porter continuellement un linge au tour de leur col pour effuyer la fueur. A deux ou trois lieuës de la ville il y a deux moulins à fuccre, dont l'un appartient aux Dominicains; à ces deux moulins font employez continuellement prés de 200. Negres & plufieurs autres Indiens. Il fe nourrit aux environs de cette ville quantité de mulles, & de tres-bons chevaux. La ville de Chiapa de los Indios, & toutes les villes d'alentour ne manquent que d'un air un peu temperé, & de bled qui n'y leve point, mais l'on en apporte de Chiapa de los Efpañoles & de Comitlan; cette ville d'ailleurs n'en fouffre pas beaucoup d'incommodité, parce que les Efpagnols auffi bien que les Indiens mangent plus de Maiz, que de bled.

La province de Zoques confine avec le pays de Chiapa de los Indios, & en eft la plus riche partie. Elle s'étend d'un cofté jufqu'à la riviere de Tabafco, autrement Grijalva: l'on tranfporte ordinairement fes marchandifes par cette riviere à faint Jean de Ulhua, autrement Vera Cruz. Elle trafique auffi avec le pays de Jucatan, par le moyen de Puerto Real qui eft entre Grijalva & Jucatan. Si ce port & cette riviere font d'un grand avantage à la province de Zoques, ils donnent tous les jours ds grandes apprehenfions aux Efpagnols qui connoiffent la foibleffe de la riviere Grijalva, & celle de Puerto Real, & que fi quelque nation étrangere vouloit entrer dans le pays par l'une ou l'autre de ces entrées, elle pourroit aifément prendre pied dans la province de Chiapa, & paffer de là à Guatemala: ce qui a dégoûté les Anglois & les Hollandois de cette entreprife, eft que la riviere de Tabafco eft fort baffe, & que l'air y eft fort chaud, ce qui fait qu'il y a quantité de moucherons fort incommodes: en un mot ils fe font dégoutez les uns & les autres de cette entreprife par des raifons trop frivoles.

Les villes de la province de Zoques ne font pas fort grandes, mais extrémément riches; leurs principales marchandifes font la foye & la cochenille, qui y eft la meilleure de toute l'Amerique, il n'y a point d'endroit dans cette partie du monde, où elle foit en fi grande abondance. Il y a peu d'Indiens qui n'ayent un jardin planté de meuriers blancs pour nourrir des vers à foye; auffi elle y eft en fi grande abondance, que toutes les femmes de ce pays s'employent à faire des eftoffes de foye de diverfes couleurs. C'eft une chofe furprenante de voir les beaux ouvrages de foye que font ces Indiennes, qui pourroient fervir de modele aux plus habiles en cet art. Les Efpagnols les achetent pour les envoyer en Efpagne. Les habitans de Zoques font fort fpirituels & de bonne taille, il y fait fort chaud, principalement vers la riviere de Tabafco, & extrémément froid en quelques autres endroits de cette province. Il y croift du Maiz en abondance, mais point de bled; le beftail n'y eft pas en fi grande quantité que vers Chiapa, mais il y a bien autant de volaille.

La province de Zeldales qui eſt la derniere de celles de Chiapa, s'étend en quelques endroits vers les limites de Comitlan, du coſté du Nord; de celuy du Sud elle confine avec certains Indiens qui n'ont pas encore eſté ſubjuguez, & qui font ſouvent des courſes dans le pays des Indiens Chreſtiens, bruſlent leurs villes, & emmenent leurs beſtiaux. La ville capitale de cette province eſt Ococingo, baſtie ſur la frontiere de ces Indiens qui n'ont pas encore eſté conquis; cette province paſſe auprés des Eſpagnols pour fort riche, à cauſe qu'il y croiſt quantité de Cacao & d'Achiote, le dernier ſert pour donner à la Chocolate la couleur dont elle eſt ordinairement. Elle abonde auſſi en beſtiaux, & ſur tout en Porcs, dont ſes habitans font du lard: il y a de toutes ſortes de volailles en quantité, du Maiz & du Miel. De mon temps l'on y baſtit un moulin à ſuccre, que l'on croyoit devoir eſtre auſſi bon que celuy des environs de Chiapa de los Indios. Cette province eſt montagneuſe en pluſieurs endroits, mais la ville de Ococingo eſt baſtie dans une agreable vallée proche de quantité de ruiſſeaux & de fontaines, on la tient par cette raiſon fort propre pour le ſuccre, & pour les cannes d'où on le tire. Les Religieux ont fait ſemer du bled dans cette vallée, qui y eſt fort bien venu.

Chocolate eſt un mot Indien compoſé de latte qui ſignifie de l'eau, & de choco, mot qui eſt fait pour exprimer le bruit du moulinet dont on ſe ſert en preparant la Chocolate. La baſe de cette compoſition eſt un noyau nommé Cacao, plus gros qu'une groſſe amande, il croiſt dans des gouſſes, où il y a quelquefois juſqu'à quarante & plus de ces noyaux, ſon arbre ſe nomme auſſi Cacao; cet arbre eſt ſi delicat, que l'on plante tout proche le trou où l'on veut mettre un Cacao, un autre arbre nommé par les Eſpagnols la Madre del Cacao, à cauſe qu'on ne le met là que pour luy faire de l'ombre, & empeſcher que le Soleil ne le brûle. Outre la gouſſe qui envelope les noyaux de Cacao, chacun a encore ſon envelope particuliere qui le couvre, c'eſt une petite pellicule que les femmes aiment autant que le Cacao, car elles la tiennent fort rafraichiſſante, elle ſe fond en eau dans la bouche. Il y a de deux ſortes de Cacao, l'un eſt d'un brun tirant ſur le rouge, les noyaux de cette eſpece ſont ronds & picotez vers les bouts; ceux de l'autre eſpece ſont plus gros, plats, & non ſi ronds que les premiers, ils ſont d'une ſubſtance plus ſeiche, on les nomme Patlante, ils ſont à bien meilleur marché que ceux de la premiere eſpece, & chaſſent davantage le ſommeil, c'eſt par cette raiſon qu'il n'y a que le menu peuple qui s'en ſerve; la varieté eſt grande touchant les autres drogues qui entrent dans la compoſition de la Chocolate, les uns y mettent du poivre noir, ce qui n'eſt pas fort approuvé par d'autres, à cauſe, diſent-ils, qu'il eſt trop ſec & trop chaud, ſi ce n'eſt pour ceux qui ont le foye froid; mais l'on y met ordinairement au lieu de cela du Chile, qui eſt une eſpece de poivre long, lequel quoique chaud & picquant ſur la langue, fait à ce qu'ils pretendent une operation toute contraire dans le corps, & il le rafraichit. L'on meſle auſſi avec la Chocolate, du ſuccre, de la canelle, du cloud, de l'anis, des amandes, des noiſettes, de l'Oreivela, de la Bainilla, de la Sapoyolle, de l'eau de fleur d'Orange, du Muſc, & plus ou moins d'Achiote, ſelon que l'on veut faire la Chocolate plus ou moins rouge; mais pour ce qui eſt de la doſe de chacune de ces drogues, elle n'a autre règle que la diſpoſition de celuy pour qui on la fait, neanmoins la doſe ordinaire que donne Antonio Colmenero eſt celle-cy, pour cent livres de Cacao, deux gouſſes de poivre rouge, plein la main d'anis & autant d'Oreivelas, une fois autant de la fleur Mechaſuchil ou Bainilla, ou bien ſix roſes d'Alexandrie reduites en poudre; deux dragmes de Canelle, une douzaine d'amandes, & autant de noiſetes, une demie livre de Sucre & de l'Achiote, ſelon la couleur que l'on veut donner à la Chocolate. Le meſme Autheur ne trouve pas à propos d'y mettre du cloud, du ſuccre, ny aucune eau de ſenteur, quoique les Indiens ayent accoûtumé de le faire. D'autres y meſlent du Maiz ou du Paniſo, qui eſt fort venteux, auſſi ne l'y met-on que pour le profit, & parce que cela croiſt de beaucoup la quantité de la Chocolate, car chaque fanega ou boiſſeau de Maiz ne vaut là que treize ſols, au lieu qu'une livre de Chocolate couſte ordinairement là cinquante-deux ſols: pour ce qui eſt de la cannelle tout le monde y en met, parce que les Medecins diſent qu'elle eſt chaude & ſeiche au troiſiéme degré, qu'elle eſt diuretique & amie des reins, qu'elle eſt auſſi bonne pour ceux qui ont des douleurs froides, on l'ordonne pour les yeux, & elle eſt fort cordiale.

Pour donc faire la Chocolate, il faut bien piller dans un mortier de pierre toutes ces drogues, ce que font les Indiens, ou bien ils les broyent ſur une pierre fort large qu'ils appellent Metate, il faut bien faire ſeicher toutes ces drogues ſur le feu, horſmis l'Achiote, auparavant que de les broyer, afin qu'elles ſe broyent mieux, & les remuer toûjours fur le feu jufqu'à ce qu'elles foient feiches, car autrement elles bruleroient, ou deviendroient noires ; il faut auffi prendre garde qu'elles ne foient pas trop feiches, car autrement elles feroient ameres, & perdroient leur force. L'on broye la canelle & chaque drogue feparément, premierement le poivre long, puis l'Achiote & le Cacao, qui fera meilleur fi on luy ofte la pellicule feche qui le couvre, il le faut broyer ou piller petit à petit jufqu'à ce qu'il foit reduit en poudre, & tourner en rond en le broyant afin qu'il fe mefle mieux. Tout cela eftant donc bien broyé on le met dans le vaiffeau où eft le Cacao, avec lequel il faut bien mefler ces drogues avec une cuilliere, il en faut enfuite ofter la pafte qui s'en fera faite, & la remettre dans le mortier, fous lequel il faut qu'il y ait un peu de feu, afin que le mélange des matieres fe faffe plus aifément ; mais s'il y a plus de feu qu'il n'en faut pour les échauffer feulement, elles fechent par trop, & viennent à rien. L'Achiote fe mefle avec les drogues quand elles font battuës, pour donner feulement, comme j'ay déja dit, couleur à la Chocolate. Il faut auffi faffer toutes ces drogues, excepté le Cacao ; quand le tout eft bien meflé enfemble, l'on prend avec une cuilliere un peu de cette pafte qui eft prefque liquide, & on la met dans des boëtes, ou bien fur des fueilles de plantanes fi l'on en veut faire des tablettes ; car auffi-toft que la Chocolate eft refroidie elle devient dure ; pour en faire des tablettes on en met feulement une cuillerée pour chacune, fur ces fueilles de plantanes, comme nous le venons de dire, ou bien fur des fueilles de papier que l'on laiffe à l'ombre ; car autrement la matiere qui compofe la Chocolate fe fondroit, au lieu qu'elle devient dure à l'ombre : ces tablettes de Chocolate fe détachent aifément du papier, ou des fueilles, en les renverfant, à caufe de l'onctuofité ou graiffe qui eft dans cette compofition, mais fi on la mettoit fur quelque chofe de terre ou fur du bois, elle ne s'en ofteroit qu'à force de grater & en la rompant.

Il y a diverfes manieres d'apprefter la Chocolate pour la boire ; on la prend ordinairement au Mexique quand elle eft chaude avec de l'Atole, en faifant diffoudre la tablette de Chocolate dans de l'eau chaude, aprés quoy on la remuë avec le moulinet dans le vaiffeau où on la veut boire, & quand à force de la remuer elle eft devenuë en écume, on r'acheve de remplir la taffe avec de l'Atole tout chaud, puis on la boit par gorgées. Il y en a qui aprés avoir fait diffoudre la Chocolate dans de l'eau froide, & quand elle eft reduite en écume à force de la remuer avec le moulinet, en prennent l'écume qui nage au deffus, la mettent dans un autre vaiffeau, & remettent ce qui refte fur le feu avec autant de fuccre qu'ils veulent, & quand cela eft chaud, ils le verfent fur l'écume qu'ils en ont oftée auparavant, & la boivent ainfi. Mais la maniere la plus ordinaire de prendre la Chocolate eft d'emplir à demy d'eau fort chaude le vaiffeau dans lequel on la veut boire, & d'y mettre une ou deux tablettes de Chocolate felon que l'on la veut épaiffe, & la remuer aprés avec le moulinet tant qu'elle devienne en écume, alors il faut achever d'emplir le vaiffeau d'eau chaude, puis la boire par gorgées ; aprés y avoir mis du fuccre, d'autres y trempent auffi des morceaux de conferve & du maffe-pain que l'on mange enfuite. Il y a encore une autre maniere de boire la Chocolate, fort ufitée dans l'Ifle de faint Domingue, c'eft de faire bouillir la Chocolate dans un petit pot avec un peu d'eau, jufqu'à ce qu'elle foit fonduë, puis l'on y ajoûte du fuccre & de l'eau felon la quantité de la Chocolate, & on la fait bouillir un autre bouillon jufqu'à ce qu'il paroiffe une écume huileufe deffus, c'eft-là le temps de la boire. Les Indiens la prennent auffi froide dans leurs feftins pour fe rafraichir, l'appreftant de cette maniere. Aprés avoir fait diffoudre leur Chocolate dans de l'eau froide, où ils ne mettent que peu ou point d'autres drogues, ils la reduifent en écume avec le moulinet, ainfi elle rend beaucoup d'écume graffe, principalement quand le Cacao eft vieux & pourry, ils la mettent dans un petit plat, ils ajoûtent enfuite du fuccre à ce qui eft refté de la Chocolate dont ils ont ofté l'écume, & la verfent aprés de haut dans le vaiffeau où eft l'écume, & la boivent ainfi froide. Mais la Chocolate eft fi froide prife de cette maniere, qu'elle n'eft pas bonne à toutes fortes de gens, ce que l'on a veu par experience, car elle fait mal à l'eftomach, & principalement aux femmes. Mais la maniere de faint Domingue eft la plus ufitée & la plus faine, & elle reüffit auffi bien dans les pays froids que dans les pays chauds. Il eft vray que l'on boit plus de Chocolate aux Indes qu'en Europe, à caufe que l'on a là l'eftomach plus debile qu'icy, & qu'une taffée de Chocolate bien faite le renforcit.

*** iij

L'Achiote croiſt auſſi dans de grandes gouſſes pleines de grains rouges, que l'on reduit en paſte à meſure qu'elle ſeche on en fait des boulles, des tourteaux, ou bien on la fait en forme de briques, & on la vend ainſi.

Il y a quatre eſpeces de poivre rouge &long, la premiere eſt appellée Chilehotes, la ſeconde eſt petite , & s'appelle Chilterpin,& ces deux eſpeces de poivre long picquent fortement la langue. Les deux autres ſortes ſont nommées Tonalchiles,elles ne ſont pas ſi fortes que les deux premieres, & les Indiens en mangent avec du pain, comme ils mangeroient d'autres fruits; mais celuy que l'on met ordinairement dans la Chocolate s'appelle Chilpaclagua, il a une gouſſe fort groſſe, & n'eſt pas ſi piquant que le premier,ny ſi beau que le dernier. Le Mechaſnil ou Bainilla eſt purgatif; l'on met de tous ces ingre-diens & encore pluſieurs autres dans la compoſition de la Chocolate, chacun ſelon ſa fantaiſie, mais les Negres & les Indiens n'y mettent ordinairement que du Cacao, de l'Achiote, du Maiz,& un peu de Chile ou poivre long, avec un peu d'Anis ; quoique le Cacao ſoit meſlé avec toutes ces drogues qui ſont chaudes, il faut qu'il y ait neanmoins du Cacao en plus grande quantité que de toutes les autres drogues qui ſervent à tempe-rer ſa froideur, d'où il s'enſuit que la Chocolate n'eſt pas ſi froide que le Cacao tout ſeul, ny ſi chaude que tout le reſte des drogues qui la compoſent, mais elle a une vertu ſi tem-perée,qu'eſtant priſe moderément,elle peut échauffer les eſtomachs froids, & rafraichir ceux qui ſont d'un temperament contraire. J'ay pris de la Chocolate 12. ans entiers,or-dinairement quatre fois tous les jours, c'eſt à dire une taſſée le matin , une autre entre neuf & dix heures, une troiſiéme entre une heure ou deux aprés diſner, & une quatrié-me entre quatre ou cinq heures du ſoir, mais quand je voulois étudier tard, j'en prenois une cinquiéme taſſée entre les ſept ou huit heures du ſoir, qui me tenoit éveillé juſqu'à minuit ; j'ay éprouvé que ſi je manquois à en prendre à ces heures accoûtumées, j'avois auſſi toſt mal à l'eſtomach. La Chocolate ainſi priſe me conſerva en ſanté 12. ans entiers que je fus en Amerique, ſans me ſentir incommodé d'obſtructions, opilations, ny ſie-vre;je ſçay bien que le corps des autres n'eſt pas fait comme le mien, auſſi je ne pretens pas paſſer pour Medecin en preſcrivant à quelles perſonnes la Chocolate eſt bonne, & les heures qu'il la faut prendre, je diray ſeulement que j'ay connu des gens qui pour y avoir mis trop de ſucre dans la Chocolate elle les avoit laſchez, ou qui ayant pris de la Cho-colate trop ſouvent,s'en ſont trouvez mal , mais le meſme arrive de tous les autres breu-vages & nourritures qui font mal quand on en prend trop. Il en eſt de meſme de la Cho-colate, qui ayant des parties graſſes en trop grande quantité, elles ne ſe peuvent pas ſi bien diſtribuer dans toutes les veines, & tranſpirer par les pors de la chair, lorſqu'on en prend par excez,ce qui cauſe des opilations & des obſtructions.

C'eſt une choſe étonnante que les Anglois ne portent pas auſſi bien à leur païs du Cacao, que des autres denrées des Indes , au lieu d'acheter en Eſpagne la Chocolate comme ils font, & qu'ils ne ſe ſervent pas auſſi bien que les Hollandois de l'occaſion qui ſe rencon-tre ſouvent d'en prendre des vaiſſeaux entierement chargez dans les mers des Indes. J'ay entendu ſouvent les Eſpagnols ſe mocquer d'eux & dire., que quand les Anglois avoient pris quelque vaiſſeau chargé de Chocolate, ils la jettoient en mer, l'appellant par moc-querie Cagaruta de Carnero, ou crotes de brebis, au lieu d'en faire leur profit. A la ve-rité c'eſt une choſe plus neceſſaire dans les Indes qu'aucune autre marchandiſe, c'eſt elle qui enrichit la ville de Chiapa, où on apporte du Mexique & de divers autres endroits de l'Amerique des ſommes d'argent conſiderables, ſeulement pour acheter de la Cho-colate. L'Atole eſt un breuvage dont les Indiens uſoient fort autrefois , il a la con-ſiſtance de bouillie , & eſt compoſé de fleur de Maiz, dont on a oſté l'écorce; ſi on l'aſſai-ſonne d'un peu de poivre long, il a meilleur gouſt. Les Indiennes le portent ordinai-rement vendre chaud dans des pots aux marchez , ou le vendent par taſſées, & on l'y va boire publiquement. Les Dames de qualité & les perſonnes riches l'aſſaiſonnent de ca-nelle,elles y mettent des eaux de ſenteur,de l'ambre,ou du muſc, & quantité de ſuccre,ce qui le fait trouver plus fort & plus nourriſſant ; les Medecins l'ordonnent meſme à ceux qui ſont foibles, de meſme qu'ils font icy le lait d'amandes.

Le temps de mon départ eſtant venu, je quittay Chiapa ; la premiere ville que je trouvay ſur mon chemin fut Theopixca, c'eſt une belle & grande ville à ſix lieuës de Chiapa ; les Indiens qui l'habitent ſont plus adroits à monter à cheval que tous les autres de l'Amerique, ſi l'on en excepte ſeulement ceux de Chiapa de los Eſpañoles. De là j'allay à Comitlan, j'y demeuray une ſemaine,où je paſſay bien le temps avec le Prieur, j'en partis pour aller à Izquintenango, qui eſt une ville baſtie à l'extremité de la vallée de

Capanabaſtla, & éloignée de deux lieuës des montagnes de Cuchumatlanes. C'eſt une des plus agreables villes de toutes celles de la province de Chiapa, l'abondance de corton qui s'y recueille la rend fort riche, ſa ſituation contribuë auſſi à l'enrichir ; car elle eſt ſur le chemin des Marchands qui vont trafiquer à Guatemala avec leurs mulles : elle eſt fort abondante en fruits, principalement en Pignas. La riviere qui va à Chiapa de los Indios, y paſſe, quoique ſa ſource ne ſoit pas loin des montagnes de Cuchumatlanes, elle ne laiſſe pas d'eſtre fort profonde & fort large à l'endroit de cette ville, où on la paſſe avec un bac, car il n'y a point de gué. Ce bac eſt employé jour & nuit, & eſt d'un grand revenu à la ville, où il y a encore pluſieurs canots pour remonter ou deſcendre quand on veut la riviere. Aprés y avoir demeuré deux jours que je paſſay avec le Curé du lieu & le Prieur de Comitlan, ils me firent avoir des Indiens pour me conduire juſqu'à la premiere ville que l'on rencontre dans les montagnes de Cuchumatlanes, l'on me donna une mulle pour ma voiture ; un Indien eſtoit chargé de mon lit que je portois toûjours dans un ſac de cuir qu'ils nomment Petaca, un autre Indien portoit ma Petaquilla, où eſtoit ma Chocoladiere, & trois autres qui marchoient, deux devant, l'autre derriere moy pour me conduire, ſans eſtre obligé de leur rien donner qu'à chacun une taſſée de Chocolatte quand j'en prenois. Mes amis me dirent que je pouvois demander aux Indiens chez qui je paſſerois, tout ce qui ſeroit neceſſaire pour ma ſubſiſtance, pourvû que je l'écriviſſe ſur le livre de la ville, & me ſervir meſme des Indiens des autres lieux de mon paſſage.

Je partis donc de Izquintenango en cet équipage. Quoique les montagnes vers leſquelles je marchois paruſſent fort eſcarpées à la veuë, je trouvay neanmoins à leur pied un chemin fort large & aisé ; je rencontrois à tous momens des Requas ou caravannes de mulles, ce qui me donnoit du courage, jugeant que puiſque des mulles chargées paſſoient bien par ces montagnes, j'y pourrois paſſer aiſément avec celle que je montois. Je trouvay entre ces montagnes une petite bourgade où je paſſay la nuit ; plus j'avançois, plus le chemin s'élargiſſoit & devenoit meilleur, il n'y avoit que la pluye qui m'incommodaſt, mais il ne falloit point attendre de beau temps, parce que c'eſtoit à la fin de Septébre, c'eſt à dire à la fin de l'Hyver de ce pays-là. La premiere bourgade que je rencontray entre ces montagnes, fut celle de S. Martin, qui n'eſt que de 25. maiſons, j'en partis le lendemain au matin aprés avoir renvoyé les Indiens qui m'avoient ſervy de guides. De là j'allay à Cuchumatlan, autre petite ville, un peu plus grande que celle de Saint Martin, habitée par des Indiens fort civils, accompagné de deux autres Indiens : elle eſt baſtie au plus haut de ces montagnes. En chemin faiſant mes Indiens me montrerent la ſource de la grande riviere de Chiapa de los Indios, qui eſt ce qu'il y a de plus remarquable dans tout ce chemin. J'arrivay le lendemain au dernier village des montagnes de Cuchumatlanes, ils l'appellent Chautlan, ſes habitans me reçurent fort bien : j'y vis de fort bons raiſins qui viennent ſur des treilles, ils feroient ſans doute du vin meilleur que celuy d'Eſpagne. L'on porte ces raiſins de là à Guatemala, qui en eſt à 40. lieuës, où l'on les vend dans les ruës par rareté, en effet il ne ſe trouve point de ſemblables fruits depuis la ville de Mexique juſques à Guatemala. Le lendemain je partis du matin, afin d'arriver de bonne heure à Scapula, la premiere ville que l'on rencontre aprés. Je n'eus pas marché trois lieuës, que je découvris une agreable vallée, coupée par une riviere ; auſſi-toſt que j'eus deſcendu les montagnes, je trouvay le Prieur de Scapula qui m'attendoit avec pluſieurs Indiens ſur le bord de cette agreable riviere, d'abord il me fit peur, car il avoit à la gorge une enflure qui tournoit quaſi tout autour de ſon col, & luy pendoit ſur les épaules & ſur la poitrine. Il me dit qu'il y avoit bien dix ans qu'il ſouffroit cette incommodité, il en attribuoit la cauſe à l'eau de cette riviere ; en effet dans la ville je vis pluſieurs hommes & femmes incommodez de ce meſme mal. Le Prieur m'en oſta l'aprehenſion, me diſant que cette eau ne faiſoit mal qu'à ceux qui la beuvoient toute froide. Il y a des marchands qui ſont aſſez à leur aiſe du trafic qu'ils font à Suchtepeque, de Cacao qui y croiſt en grande abondance. Le reſte des habitans trafiquent d'ouvrages de poterie, faits d'une terre qui y eſt fort propre, & qui eſt particuliere en ces quartiers-là ; mais la principale commodité de cette ville eſt le ſel qu'ils ramaſſent tous les matins ſur les bords de la riviere qui y paſſe. L'air y eſt chaud, à cauſe qu'elle eſt dans un fond, & toute entourée de montagnes. Entre pluſieurs bons fruits qui croiſſent aux environs de cette ville, il y a des dattes auſſi bonnes que celles de Barbarie. De Scapula je fus à la ville de Saint André, qui en eſt à ſix ou ſept lieuës ; elle eſt grande, & baſtie dans une plaine, je n'y remarquay rien que beaucoup de cotton & quantité de fermes au tour, où je vis beaucoup de beſtiaux & grand nombre de volaille. Au bout de cette plaine il y a une montagne dont la hauteur m'épouvanta. J'envoyay devant à la ville de Sacualpa, autrement appellée Sancta Maria de Zojabab, où je devois aller le lendemain, pour avertir, comme on a coûtume, qu'ils m'envoyassent des mules ; cet ordre donné je fus coucher à un Rancho, qui sont des maisons basties pour les voyageurs, afin qu'ils y passent la nuit quand la journée qu'ils ont à faire est trop longue. J'en partis le lendemain pour monter la montagne, qui n'estoit pas si difficile qu'elle sembloit de loin, car le chemin s'adoucit en tournoyant au tour ; mais plus je montois, plus ma veuë s'éblouïssoit, quand je regardois la riviere qui passe au bas ; comme je fus environ à my-coste je rencontray des Indiens de Santa Maria, qui amenoient deux mules, une pour ma monture, & l'autre pour porter mon bagage, j'allay ainsi à la ville de Sainte Marie de Zojabab, c'est la plus grande & la plus belle de toutes les villes du Prieuré de Scapula. De là je fus à la ville de S. Martin, qui est du ressort de Guatemala, où ie passay la nuit, & en partis le lendemain au matin pour aller à Chimaltenango, qui est une des plus grandes villes de cette contrée, bastie dans une vallée à trois lieuës de Guatemala, elle est de mille feux, & habitée par de riches Indiens qui font grand trafic avec leurs voisins.

Depuis la vallée où est la ville de Chimaltenango, iusques à Guatemala, le chemin est uny & agreable ; en le faisant je vis une ville d'Indiens, de grande enceinte, nommée Xocotenango, mais les maisons sont fort éloignées les unes des autres, principalement celles des Espagnols, qui viennent de Guatemala s'y divertir ; elle tire son nom de Xocotte qui est un fruit qui croist-là en grande abondance ; il est iaune quand il est mur, & est fort rafraichissant ; il y en a de deux sortes, car l'un est doux & l'autre aigre. Ces arbres sont en si grande quantité, & il tombe tant de leurs fruits à terre, que les Espagnols en tirent un grand profit à cause des cochons qu'ils engraissent par ce moyen : des deux costez de ce chemin il y a plusieurs jardins qui fournissent Guatemala d'herbes, de fruits & de fleurs Pour aller à cette ville il faut passer deux montagnes qu'ils appellent, l'une le Volcan du feu, & l'autre le Volcan de l'eau ; elles sont quasi vis-à-vis l'une de l'autre, sur les deux bords de la vallée où elle est bastie ; ils appellent l'une Volcan d'eau à cause que du costé de Guatemala cette montagne verse une grande quantité de ruisseaux qui estant joints, forment cette riviere, qui suit la pente de la vallée. Le pied de cette montagne est couvert de fleurs, & la coste a par tout des arbres, & est fort differente de l'autre montagne d'où il sort des tourbillons de feu qui exhalent une puanteur de soufphre insupportable. Il y a quelques années qu'il en sortit tant de cendres, que les maisons de Guatemala en furent couvertes, & tous les arbres des environs en furent brûlez, l'on vit sortir avec ces cendres, des morceaux de roches avec la mesme violence qu'un boulet sort de la bouche d'un canon, avec un tintamarre & un bruit horrible. Du temps que j'y estois un de mes amis fit l'experience trois jours durant de lire la nuit une lettre à la lueur des flammes qui en sortoient, quoique sa maison en fust éloignée de trois milles.

Le bruit que ce Volcan fait est plus grand l'Esté que l'Hyver, c'est à dire depuis le mois d'Octobre jusqu'à la fin d'Avril, & il semble que le vent entrant dans ces concavitez, y allume davantage ces matieres, qu'en d'autres temps, & fait mesme trembler la terre des environs de la montagne. Ces tremblemens ont quelquefois obligé les habitans de Guatemala de quitter leurs maisons, de se tenir sous des tentes dressées dans le marché. L'air de cette ville est d'ailleurs fort temperé, l'abondance de vivres fort grande, jusques-là que j'y ay vû un païsan qui avoit 40000. testes de bestail, sans celuy qui est sauvage & qu'ils appellent Simarrones, qui tient la montagne, & que les Negres chassent, comme aussi quantité de Sangliers, ausquels ils font une chasse generale de peur qu'ils ne multiplient par trop. Mais pour revenir à Guatemala, l'abondance & la police y sont si grandes, que l'on y vit pour rien, & l'on n'y voit point de gueux ; car pour trois ou quatre sols l'on peut avoir autant de bœuf qu'un homme en peut manger toute une semaine : & avec quelques amandes de Cacao, il peut avoir sa provision de pain. Elle a bien 5000. feux & deux cens dans le faux-bourg appellé el Barrio de San Domingo. Outre le trafic qu'elle fait par terre, elle envoye au Perou, & les embarquemens s'en font au port de la Villa della Trinitad, & à celuy de Relaio.

L'audiance de Guatemala est composée d'un President, de six Conseillers, d'un Procureur du Roy, d'un Lieutenant Civil, & d'un Lieutenant Criminel. Le President est aussi absolu qu'un Vice-Roy du Perou, ou du Mexique ; mais il n'a que 12. mille ducats de gages, quand il veut s'appliquer au commerce sa charge rend bien davantage, comme le Comte de Gomera, President de Guatemala, qui en quatorze ans qu'il exerça cette charge, amassa un million de ducats. Chaque Conseiller à 4000. ducats, & le Procureur curcur du Roy trois mil, , qui leur font payez tous les ans des coffres du Roy.

La ville de Guatemala eſt la Capitale de la Province de ce nom, qui s'étend 900 miles vers le Sud, & trois cens milles vers le Nord.

Le lieu le plus proche de Guatemala ou les vaiſſeaux puiſſent ancrer, eſt au village nommé la Trinidad, il n'y a point d'autre Port dans l'étenduë de quatre cent milles entre Guatemala & Tecoantepeque. Les principales marchandiſes que l'on apporte à Guatemala, viennent des Provinces de Soconuzco & de Suchtepeque ; ce ne ſont la pluſpart que des drogues qui entrent dans la compoſition de la Chocolate, avec un peu d'Indigo,& de Cochenille, que l'on apporte de Sant Antonio capitale de la Province de Suchtepeque, ou de celle de Izquinta: Cette derniere Place en fournit toute l'Eſpagne ; l'on y nourrit auſſi une quantité tres-grande de beſtiaux : le ſejour d'un païs ſi fertile ſeroit fort agreable ſi les chaleurs n'y eſtoient exceſſives depuis le mois de May juſqu'à la findu mois de Septembre.

Les Eſclaves qui ſervent dans les Fermes des environs de Guatemala ſont la principale force de ces païs ; & quoy qu'ils n'ayent pour toutes armes que des Aſſagayes, dont ils dardent les beſtes ſauvages, ils n'ont pas laiſſé de faire ſouvent peur à leurs maiſtres, & à toute la ville de Guatemala. Il y en a entr'eux qui ont le courage, & l'addreſſe d'abatre les Taureaux les plus feroces, & d'aller prendre juſques dans les rivieres les Crocodilles qu'ils tirent apres à terre.

L'endroit le plus riche de cette Province eſt le long de la mer, juſqu'au village de la Trinidad, ſon port quoy qu'un peu dangereux, ne laiſſe pas d'enrichir beaucoup la ville de Guatemala à cauſe des vaiſſeaux qui y viennent de Panama,du Perou & d'autres lieux;Cependant il n'eſt defendu d'aucune fortification. Entre ce Port & celuy de Realejo la mer fait une grande baye ou les petits vaiſſeaux viennent prendre des rafraichiſſemens, dans une Bourgade d'Eſpagnols meſlez avec des Indiens, nomméeSan Miguel:LesEſpagnols n'ont pas eſté plus ſoigneux de defendre l'entrée de cette Baye, que celle du Port de Realejo qui n'eſt gardée que par deux cens familles de Meſtiz & d'Indiens ; cependant ce Port donne entrée dans le païs juſqu'à Guatemala, Nicaragua, & meſme dans ceux de Leon, & de Nueva Granada.

Vers le mois de Iuillet, ou au commencement de celuy d'Aouſt au plus tard, il vient à Golfo dulce, qui eſt à ſoixante lieuës à l'Eſt de Guatelama, deux ou trois vaiſſeaux décharger dans des magazins les marchandiſes qu'ils ont apportées d'Eſpagne, & ſe recharger de celles de Guatelama,qui y ont eſté miſes deux ou trois mois auparavant dans d'autres magazins;De ſorte que durant les mois de Iuillet,d'Aouſt & de Septèbre,l'on eſt aſſuré de trouver à Golfo dulce de grandes richeſſes, que les Eſpagnols abandonnent à la garde d'un ou deux Indiens ſeulement, & d'autant de Mulates, la pluſpart releguez pour crimes dans le Chaſteau ruiné de San Thomé de Caſtilia. Cependant comme l'entrée de ce Golfe eſt fort reſſerrée par deux roches, qui la ferment, il ſeroit tres-aiſé d'en defendre l'emboucheure ; mil vaiſſeaux y pourroient tenir à l'ancre commodement: Les Eſpagnols ſe moquent des Anglois & des Hollandois & de ce qu'ils y ſont entrés ſans deſcendre à terre, car ils auroient pû de là penetrer bien avant dans le païs, ſans trouver de reſiſtance conſiderable. Pour moy je fus fort ſurpris de ce que les Holandois ayant attaqué Truxillo, qui eſt le principal Port de Comayagua, & de Honduras, ils ſe retirerent avec quelque butin ſeulement au lieu de s'y fortifier ; ce qui leur auroit eſté fort facile. Les habitans prirent la fuite d'abord qu'ils parurent, & l'on craignoit fort à Guatemala qu'ils n'auançaſſent dans le païs, car l'on n'y eſtoit point en eſtar de leur reſiſter.

Le chemin de Golfo Dulce à Guatelama n'eſt pas ſi mauvais que le ſont quelques-uns, principalement depuis la fin du mois de Septembre juſqu'à celuy de May : car l'Hyver & les pluyes ceſſent durant ce temps-là, & il regne un vent qui ſeiche les chemins ; les Mulles ne laiſſent pas dans les plus mauvais temps de l'année d'y porter au moins 400. livres peſant, & cela dans les paſſages les plus difficiles des montagnes qui ſont proche Golfo Dulce ; Ce chemin d'ailleurs eſt ſi large, que quand une trace eſt mauvaiſe l'on en peut choiſir une autre ; le plus mauuais ne dure que quinze lieuës, & l'on y trouve de temps en temps des Ranchos,ou maiſons deſtinées pour loger les voyageurs: Il y a auſſi dans les bois des Mules & des Beſtiaux qui ſervent de voitures Ce que les Eſpagnols craignent le plus en paſſant les montagnes de Golfo Dulce, eſt de tomber entre les mains des eſclaves Negres, que la cruauté de leurs maiſtres y a fait refugier, le nombre en augmente tous les jours, car outre leurs enfans qu'ils y portent avec eux, il y a ſouvent d'autres Negres qui ſuivent leur exemple. Ils ſe jettent ſur les Mules qui paſſent, & prennent tant qu'ils veulent des marchandiſes dont elles ſont chargées, ſans mal-traiter les Eſclaves qui les conduiſent. Les Habitans de Guatelama ont tâché pluſieurs fois de les faire revenir chez leurs maiſtres, mais ils n'en n'ont jamais pû venir à bout.

I V. Partie.　　　　　　　　　　　　　　　　　　* * * *

Ces Negres ont pour toutes armes l'arc & les fleches, qu'ils ne portent que pour leur deffence, & n'attaquent personne : ils ne font point de mal à ceux qui leur abandonnent quelque partie de ce qu'ils portent : Ils se font souvent expliquez que la principale cause qui les avoit fait refugier dans ces montagnes, estoit afin de se joindre aux Anglois, ou aux Hollandois, s'ils faisoient jamais descente à Golfe Dolce, sçachant bien qu'ils leur donneroient leur liberté, ce qu'ils ne se peuvent promettre des Espagnols.

Pour revenir au chemin de Golfo Dulce, les quinze lieuës de mauvais chemin passées, il est meilleur, & l'on trouve de temps, en temps de petites bourgades fournies de toutes sortes de vivres.

A quinze lieuës au delà l'on trouve Acabastlan grande ville d'Indiens, bastie sur le bord d'une riviere qui nourrit les plus excellens poissons de tout ce païs. L'on y en pesche un entr'autres nommé Bobo, qui est gros, rond, & long comme le bras d'un homme environ ; il n'a qu'une seule arête qui luy passe tout le long du corps par le milieu ; sa chair est blanche comme du lait, elle se fond comme du beurre, & est d'un tres-bon goust, à quelque sauce qu'on l'accommode. L'on pesche aussi dans les rivieres & ruisseaux peu profonds, qui sont entre Acabastlan & Guatemala, un autre espece de poisson qu'ils nomment Tepemechin, & qui peut estre mis au rang des meilleurs poissons du monde, sa graisse a tout à fait le goust de celle de veau, les Espagnols le tiennent pour une espece de Truyte.

La ville d'Acabastlan est gouvernée par un Corregidor Espagnol, dont la Iurisdiction s'estend jusqu'à Golfo Dulce. Elle n'est habitée que par une vingtaine environ d'Espagnols, & de quelques Indiens, qui ont pour toutes armes l'arc & les fleches ; Cette Ville n'est point fortifiée, il y a à ses environs plusieurs Fermes fort riches en bestiaux, & où l'on recueille quantité de drogues, qui entrent dans la composition de la Chocolatte, & d'autres aussi qui servent à la medecine. Il y a plus de jardins à Acabastlan, & il y croist plus de fruits qu'en aucune autre ville d'Indiens de cette contrée : mais ce qui luy donne le plus de reputation, sont leurs excellens melons, dont ils fournissent leurs voisins.

L'on ne compte que trente petites lieuës d'Acabastlan à Guatemala, chemin qui se fait au travers de quelques montagnes, où les Espagnols ont trouvé des mines de cuivre & de fer, qu'ils ont abandonnées parce qu'elles cousteroient plus à foüiller qu'ils n'en tireroient de profit. Ils ont d'ailleurs beaucoup perdu à maltraiter les Indiens qui habitent entre Acabastlan & Guatemala pour tirer d'eux de l'or, principalement ceux d'un lieu nommé Aguacaliente, car ses habitans trouvoient des pailletes d'or, dans une riviere qui passe en ces quartiers, & payoient tous les ans aux Espagnols un tribut considerable de cette poudre, à present ils n'en tirent plus rien, car ils ont fait mourir tous ces Indiens à force de les mal-traiter pour apprendre le lieu d'où ils tiroient ces richesses ; & les Espagnols ne l'ont jamais pû trouver, quelque diligence qu'ils ayent employée à le chercher.

A quatre lieuës d'Aguacaliente, est le Rio de las Vaccas, là une troupe de pauvres Mestitz & Mulattes habitent, & nourrissent quelques bestiaux, & employent avec peu de succés leur temps à chercher dans cette riviere de la poudre d'or, dans l'esperance qu'ils ont de trouver un jour la source de ces richesses.

L'on découvre de cette riviere l'agreable vallée de Mixco y Pinola, ainsi nommée par les Espagnols, à cause de deux villes d'Indiens basties sur ses costez, l'une appellée Mixco, & l'autre Pinola. Cette vallée est éloignée de Guatemala de six lieuës ou environ, elle a quinze lieuës de long & dix ou douze de large. Le terrain qu'elle renferme est divisé en trente ou quarante fermes d'Espagnols. Il y croist le meilleur grain de tout le païs, elle en fournit Guatemala, & l'on en fait du biscuit pour les vaisseaux qui vont & viennent d'Espagne. Les Indiens qui habitent cette vallée sont plus propres à cultiver la terre, qu'à porter les armes.

La ville de Mixco est habitée par trois cens familles ou environ, entre lesquelles il y a des Indiens tres riches, ils ont l'obligation aux Espagnols de leur avoir appris à cultiver la terre, à trafiquer avec leurs Mules à Golfo Dulce, & à profiter de l'avantage que la ville de Mixco a d'estre sur le chemin des Marchands qui vont & viennent de Golfo Dulce ; Elle n'a d'ailleurs pour toute marchandise qu'une certaine terre, dont ses habitans font de la vaissele qu'ils vernissent de diverses couleurs. Cette vaissele se vend à Guatemala, & aux Bourgades voisines : Les femmes des Criolos mangent mesme de cette terre, qui altere leur santé, & leur rend le teint pasle.

Pinola n'est pas plus grande que Mixco, mais elle est dans une situation bien plus avantageuse, elle est bâtie dans une plaine, au lieu que Mixco est sur la pente d'une motagne qui oste aux voyageurs la veuë de la vallée : Elle a à son Nort & à son Sud des montagnes où il croist du grain meilleur que celuy de la vallée. A son Oüest sont les villes de Petapa & d'Amatitlan ; La premiere est habitée par environ cinq cens personnes fort riches , & qui ont receu quelques Espagnols.

Les Indiens nomment Pancac la ville de Pinola, mot composé de Pan, qui signifie dedans ou entre & de cac, c'est à dire du feu: un fruit nommé Guiava, & aussi un insecte que les Espagnols nomment Nigua, trop connu pour la douleur qu'il fait sentir à ceux qu'il picque, principalement aux endroits où il y a beaucoup de cochons ; Cette vermine au dire des Espagnols, fit mourir plusieurs des soldats de Drac, comme ils alloient à Panama par la montagne de San Pablo, elle cause de la demangeaison aux lieux où elle s'attache , il leur cousta la vie, ce disent-ils, pour s'estre grattez aux jambes où elle s'attache principalement.

Quelques-uns soustiennent que cet insecte s'engendre par tout indifferemment, aussi bien sur les tables, & dans les lits qu'à terre : mais l'experience fait voir qu'il ne se forme que sur le plancher des maisons , principalement dans celles que l'on ne tient pas nettes : Il se prend rarement aux mains, & aux autres parties du corps , marque qu'il s'engendre à terre La Nigua est encore plus petite qu'une puce, à peine la voit-t on dans la chair, car elle n'y paroist pas plus grosse que la pointe d'une épingle; lors qu'elle s'est piquée dans les jabes elle cause une grande cuisson; On l'en peut tirer aisément avec une épingle, mais il la faut tirer tout entiere, car s'il en reste la moindre partie le mal ne diminuë point; quand elle est entrée dans la chair elle y fait un trou où elle met plusieurs lentes, qui peu à peu deviennent grosses, comme une grosse puce ; quoy que les jambes demangent alors, il ne les faut pas gratter , car il s'y feroit un apostume, & l'on courreroit risque d'en perdre l'vsage. Il y en a qui les ostent dedans la chair à la premiere demangeaison qu'elles y causent: mais cela est fort difficile, car elles sont alors imperceptibles, & d'ailleurs fort sujetes à se rompre; c'est pourquoy la pluspart aiment mieux les laisser dans la chair jusqu'à ce qu'elles y ayent fait leur trou , & mis leurs œufs, il se leve une petite bube sur la peau , & ils les en tirent en les cernant tout au tour avec la pointe d'une épingle, & tâchent de les oster entieres; Apres les avoir ainsi tirées, l'on ne fait que mettre dans le trou un peu de cendre ou de l'ordure des oreilles , & par ce moyen l'on en guerit en un jour ou deux. Le moyen d'éviter cette vermine est de mettre ses habits , & principalement les souliers & les bas sur quelque chaise, ou autre chose élevée de terre. Quoy que les Indiens aillent la pluspart nuds pieds, ils sont rarement incommodez de ces insectes, ce que l'on attribuë à la dureté de leur peau.

Pinola ou Pancac est fort sujette à ces Niguas, comme je l'ay éprouvé moy-mesme.

Petapa en Indien signifie lit d'eau. Il y demeure à ce que l'on tient une famille d'Indiens, qui sont de la race des anciens Rois de cette contrée. Les Espagnols honorent du nom de Guzmans ceux qui en descendent, & elisent mesme d'entr'eux les Gouverneurs de la Ville; ils leurs ont octroyé de grands privileges, mais non pas de porter l'épée, comme au Gouverneur de Chiapa de los Indios. Si les Indiens n'estoient point si sujets à s'enyurer, ceux de cette famille auroient pû pretendre à des Gouvernemens considerables Les habitans de Petapa sont obligez de servir chacun à leur tour le Gouverneur, les uns par exemple de luy apprester à manger , les autres ont soin de son écurie, & il y en a qui sont obligez de pescher du poisson pour sa table : Ils sont aussi obligez de rendre les mesmes services à un Religieux que les Espagnols luy donnent pour son Collegue, & qui a un train d'Evesque ; le Gouverneur ne peut rien decider sans avoir son suffrage. Les Indiens de cette Ville ne peuvent pas estre mieux policez qu'ils le sont.

Une Riviere guayable en plusieurs endroits passe proche de Petapa, & arrose les jardins qui y sont en grand nombre, & remplis de tous les fruits & legumes qui se puissent souhaitter. A un mille & demy de là est un moulin à succre, ou sont employés soixante Negres au moins: Ce moulin appartient à un Biscayen riche maintenant de plus 250000. écus, & qui estoit fort pauvre lors qu'il vint en ces quartiers là, car le commencement de sa fortune vint du trafic qu'il faisoit par le païs avec deux Mules qu'il acheta d'un Indien au service duquel il s'estoit mis.

A trois lieuës de ce Moulin est la ville d'Amatitlan, elle est à la verité plus peuplée que Petapa, mais il n'y a pas tant d'Espagnols ; Ses ruës sont fort droites, larges, unies, & toutes sablées. Il y vient un grand concours du peuple de Guatemala se baigner dans ses eaux chaudes qu'il y a, & que l'on croit fort saines. Cette Ville tire un grand profit du sel qui se ramasse sur les bords du Lac qui en est proche, & où on le voit les matins congelé en forme de glace, qui est tres bon & mesme tres-blanc lors qu'on l'a purifié. Ses habitans font aussi un gain considerable sur les Mules que l'on fait paistre aux bords du mesme Lac, qui en un jour , & mesme en moins de temps deviennent tres-grasses, l'on ne paye que cinq ou six sols par jour pour chaque Mule.

Il croift auffi dans la Vallée de Mixco y Pinola un efpece de petit grain, nommé par lé Efpagnols Trigo tremefino, qui fe feme vers la fin du mois d'Aouft, & dont on fait la recolte à la fin de celuy de Novembre; Ils le battent fur le champ mefme où ils le cueillent, y laiffent pourrir les vannures du grain, & mettent le feu au chaume un peu auparavant que les premieres pluyes ayent commencé à tomber, il en refte une graiffe fur la terre, qui l'amende autant que fi elle eftoit bien fumée. Ils brûlent de mefme vers la fin du mois de Mars l'herbe des pafturages de la Vallée qui eft alors feiche; & quand il a plû deux ou trois fois deffus, elle recroift plus épaiffe, & plus haute qu'auparavant.

Ils couppent auffi les arbres deffus les terres qui n'ont pas encore efté défrichées, & les brûlent deffus aprés les avoir laiffé feicher.

Proche de Mixco eft la Bourgade de San Lucat, où l'air eft fort froid, l'on y ferre par cette raifon tous les grains qui fe recueillent à Guatemala & dans toute la Vallée, où la chaleur empefche qu'on les puiffe garder, on les met dans des greniers faits exprés, qu'ils appellent Troias dont le plancher eft d'ais, couvert de natte & élevé de terre de deux pieds, où il fe conferve fort bien, & l'on a cét avantage que de deux cens boiffeaux de bled que l'on y met, l'on en retire deux cent vingt.

Aprés avoir décrit ce qu'il y a de plus remarquable fur le chemin de Golfo Dulce à Guatemala, je parleray du pays de Vera Cruz, Coban en eft la ville Capitalle, & la refidence ordinaire du Gouverneur; Les Efpagnols n'ont pas encore pû fubjuguer la partie de ce Pays, qui eft entre Vera Paz & le Iucatan, ils en avoient entrepris la Conquefte qui leur promettoit beaucoup, & qui leur donneroit un paffage libre pour trafiquer par terre avec Campin, & dans tout le pays de Iucatan; au lieu que lorss qu'ils portent leurs marchandifes à Hauana par le Golfe, ils courent rifque d'eftre pris par les Pyrates. Un Religieux de mes amis fe hazarda d'aller chez ces Barbares, qui ne font pas encore fubjuguez, & avança jufqu'à Campin; il rapporta à fon retour que ces Indiens l'entendant parler leur langage, & voyant fa maniere de traiter honefte, le receurent de mefme; de peur que fi ils l'euffent mal-traité les Efpagnols ne leur fiffent la guerre. Il me dit de plus, que ce pays eftoit meilleur que celuy de Vera Paz, qui eft affujety aux Efpagnols, & loüoit fort fur tout une vallée où il avoit trouvé un grand Lac, & une Ville peuplée de douze mil Indiens. Comme le paffage eft bouché aux Efpagnols de ce cofté-là, ils vont à Golfo Dulce par un autre endroit où le paffage eft libre, y porter des rafraifchiffemens aux vaiffeaux quand ils y arrivent, & ils en rapportent en échange du vin, & des autres marchandifes d'Efpagne.

L'on paffe en allant de Guatemala à Vera cruz les montagnes de Sacatepeque, Saca fignifie des herbes, & Tepeque une montagne; en effet, elles font toutes couvertes de verdure. Les villes principales qui y font bafties font Sant Iago de cinq cens feux, San Pedro de fix cent, San Iuan de mefme, & San Domingo qui n'en a que trois cent. Ces quatre villes font fort riches, leurs habitans recueillent beaucoup de bled & de maiz; ils ont plus de courage que les Indiens des autres Villes. De mon temps un Indien de Sant Iago donna à l'Eglife la valeur de fix cens écus quoy qu'il fût Payen: ces peuples gagnent beaucoup à loüer de grands boucquets de plumes dont les Indiens fe parent aux occafions de leurs danfes & de leurs feftes, quelques-uns de ces boucquets de plumes en ont au moins 60. toutes fort longues, & d'une grande diverfité de couleurs.

Quoy que les Efpagnols ne permettent pas aux Indiens le port des armes fi ce n'eft l'arc & les fleches, ils ne laiffent pas d'apprehender leur grand nombre, car ils font mil Indiens pour un Efpagnol; ils multiplient tous les jours dans cette proportion, & par là ils rentreront un jour indubitablement dans la poffeffion de leur pays, ou en chafferont les Efpagnols, en fe joignant à la premiere Nation de l'Europe qui le voudra entreprendre. Ainfi mal fondez font ceux qui foûtiennent que la conquefte de l'Amerique feroit plus difficile maintenant qu'elle ne l'eftoit du temps de Cortez, à caufe, ajoûtent-t-ils, qu'il y a maintenant des Efpagnols & des Indiens à combattre, au lieu qu'il n'y avoit alors que des Indiens tous nuds; ces Indiens fe fouleveroient fans doute contre leurs injuftes maîtres, les Efpagnols font extrémement foibles & avec le peu de mode qu'ils ont, ne pourront jamais défendre toutes les entrées d'un pays fi eftendu; les Negres fuivroient leur exemple, & les Criolos mefme qui font fi mal traitez par les Efpagnols, aimeroient mieux eftre fous la domination d'une Nation eftrangere, que de fe voir oprimez de la forte par une Nation qui ne garde point de mefure.

Quoy que ce n'ait jamais efté l'intention des Roys d'Efpagne que l'on traitaft les Indiens en Efclaves, leur condition neantmoins eft encores plus miferable. Le Repartidor qui en a la Lifte les diftribuë tous les Dimanches aux Efpagnols, felon la grandeur de leurs fermes, ou les autres befoins qu'ils en ont. L'on fçait ce que chaque Ville doit

fournir

fournir de gens de travail , & l'Audiance de Guatemala en regle le nombre : Ces Indiens
sont conduits au rendez-vous par un Officier de leur nation , ils y portent leurs outils ,
sçavoir une houë, une pesle & une coignée, avec quelques gasteaux de maïz, des frixolles,
& quelque morceau de viande froide ; ils portent aisement leurs lits sur leur dos, car ils ne
consistent qu'à une simple couverture de grosse laine. Quand ils sont donc arrivez au rendez-vous avec les autres, on les enferme dans la Maison de Ville. Le Repartidor appelle
ensuite les Espagnols marquez sur sa Liste ; & fait sortir à mesure le nombre d'Indiens
que chaque Espagnol doit avoir , à l'un trois, à l'autre quatre, dix, quinze, vingt , ou
plus selon leurs besoins. L'Espagnol en recevant ses Indiens leur prend à chacun un outil
ou leur couverture de crainte qu'ils ne s'enfuyent , & donne au Repartidor pour chaque
Indien , un demy Real, ce qui luy vaut quelquesfois jusqu'à vingt cinq écus. Si l'Espagnol se plaint qu'un de ses Indiens se soit enfuy , ou qu'il n'ait pas travaillé toute la semaine , l'on prend l'Indien, l'on l'attache par les mains à un poteau dans le marché , & on le
fouëtte sur le dos ; cependant que les plaintes que l'Indien pourroit faire souvent avec plus
de justice ne sont point écoutées. A peine se peuvent-ils nourir du salaire que leur donnent les Espagnols, car ils n'ont à la fin de la semaine que cinq Reaux, & encore lors que
les Espagnols s'apperçoivent de l'envie que leurs Indiens ont d'aller revoir leurs femmes
ils s'accommodent avec eux , & en retiennent une partie pour leur donner cette permission. Cét ordre, ou plûtost cette tyrannie, s'observe par tout ailleurs comme à Guatemala.
D'autres Indiens nommez Tamemez sont obligez quand les passagers les envoyent querir en leurs bourgades, de porter sur leurs mules , & quelquesfois mesme sur leur dos des fardeaux tres-pesants , & souvent à la fin du voyage on ne leur donne que des coups pour salaire ; ils feront quelquesfois porter à ces pauvres gens tout le long du jour , ou plusieurs
jours de suite , une valise de cent livres pesant , ils attachent la valise par les deux
bouts avec une corde, qui a un cuir large au milieu, qu'ils arrestent sur leur front ; ce
qui les fait distinguer aisément d'entre les autres, car ils n'ont point de cheveux en
cét endroit ; C'est ainsi que ces miserables sont traitez par les Espagnols ; ils se seroient desja revoltez plusieurs fois s'ils n'estoient retenus par les Prestres. Leur habit ordinaire est une paire de caleçons de thoile, ou de laine , larges vers les genoux, sans chausses ny
souliers, si ce n'est ceux qui portent des fardeaux bien loin, ceux-là mettent des semelles
de cuir pour se conserver les plantes des pieds. Au lieu de pourpoint ils ont une demy che-
mise , une mante de thoile ou de laine qui leur traisne presque jusqu'à terre , attachée avec
un bouton sur l'une des épaules, un chapeau qui ne leur coûte qu'environ vingt-six sols,
& si mauvais que les bords leur battent jusques sur le dos quand ils ont esté à la pluye ;
la mante leur sert également de couverture & de lit, car il y en a peu qui soient assez riches
pour avoir une natte legere sur laquelle ils se puissent coucher : les riches, ceux qui ont des Fermes, & les Officiers ont leur haut de chausse bordé par embas d'un passement, ou galon de
soye de diverses couleurs ; d'autres font mettre un passement sur leur mante , ou font piquer dessus quelque figure d'oyseau. Les principaux Gouverneurs, ou les plus riches, comme
de quatre à cinq mil Ducats, couchent plus à leur aise ; ils estendent une grande natte sur des
planches ou des rozeaux joints ensemble ; Mais pour les femmes elles sont plus curieuses dans
leurs habits , les plus riches portent des colliers, des bracelets & des pendans d'oreilles ,
elles relevent tous leurs cheveux par tresses vers le haut de la teste : les plus riches se
couvrent d'un voile de toille de Hollande ou de cotton & mesme de la Chine.

Ce voile est celuy des ornemens des Indienes qui leur coûte le plus ; elles se couvrent la teste avec ce voile , & il leur descend quasi jusqu'à terre. Leurs maisons , ou
plûtost leurs cabanes n'ont qu'un étage divisé en deux chambres , il n'y a point de chemi-
nées, ils font du feu sur des pierres au milieu d'une de ces chambres pour cuire
leur manger, & comme la fumée n'a point de sortie faite exprés , toute la maison
semble une cheminée tant elle est noire par dedans , ces maisons ne sont point
fermées , ils n'ont que de la vaisselle de terre , & ainsi ils ne craignent pas qu'on les
vole. Il n'y a guere de maisons où il n'y ait un bain dans la court, où ils se baignent dans
de l'eau chaude lors qu'ils sont malades ils n'ont point d'autre remede pour se guerir.

Chaque Ville ou Bourgade est divisée par quartiers , & chaque quartier a son Chef, tous
ceux du quartier luy obeïssent, & c'est à luy qu'ils ont recours dans les occasions. Quand un
garçon d'un quartier se veut marier à une fille d'un autre quartier, le pere du garçon va
trouver le Chef du quartier d'où est la fille, luy declare son dessein, confere avec luy ; &
quoy qu'ils n'ayent que fort peu de chose, ils passent des journées entieres à dresser les
articles : Ces conferences se terminent à table ; Le pere en mariant sa fille ne luy donne rien,
mais en mourant il partage également ses biens à ses enfans.

IV. Partie,   ✶ ✶ ✶ ✶ ✶

Quand quelqu'un veut faire baftir ou raccommoder fa maifon, il le fait fçavoir au Chef de fon quartier, qui avertift tous ceux de la Bourgade afin qu'ils le viennent aider chacun felon fon meftier; ainfi une maifon eft entierement baftie en un feul jour, fans qu'il en coûte autre chofe que quelques taffées de Chocolatte affaifonnée d'un peu d'anis & de poivre long, dont celuy qui la fait baftir regale ceux qui y ont travaillé.

La nourriture ordinaire des Indiens font les Feverolles que ce pays produit en grande abondance; ils les gardent feiches toute l'année, & fe tiennent fort heureux quand ils en peuvent avoir de boüillies avec du Poivre long; Au deffaut de Feverolles ils ont recours à leurs Tortillas ou gafteaux de Maiz qu'ils ont fait cuire dans une terrine, ce qui fe fait en un moment, & ils les mangent tous chauds avec un peu de fel & de Poivre long, quelquesfois ils ne fe donnent pas cette peine, & mangent les grains de Maiz tous verds avec un peu de fel; Pour moy, je trouve le Maiz verd fort nourriffant & d'auffi bon gouft que nos pois verds. Ils font auffi du potage de ce Maiz verd aprés qu'il a efté boüilly dans un peu de laift; les plus pauvres des Indiens fe paffent de ce potage D'autres achetent beaucoup de viande fraifche à la fois, & en font des Taffajos; c'eft à dire, qu'ils couppent par éguillettes les plus longues, & le plus minces qu'ils peüvent toute la chair de la cuiffe d'un Bœuf, par exemple les fallent aprés, & les mettent feicher durant une femaine dans leur court fur des branches d'arbres; ils les expofent à la fumée l'efpace d'une autre femaine, & les entaffent aprés par petits pacquets qu'ils lient bien fort avec une ficelle, cela devient dur comme une pierre; j'ay mangé plufieurs fois du Bœuf ainfi preparé, les Efpagnols en confomment beaucoup, & c'eft une provifion commode pour les Voyageurs; il y a mefme des Efpagnols qui font devenus riches à en tranfporter aux Bourgades où l'on ne vend point de viande, car ils auront quelquesfois pour un petit pacquet de Taffajo qui ne leur revient ordinairement qu'à cinq deniers environ, pour un Real de Cacao.

Quand ils ont tué une befte à la chaffe ils la laiffent dans quelque caverne & la couvrent de feüilles; & lors qu'il commence à s'y former des vers ils la portent chez eux, la couppent par piecces, la font boüillir un boüillon dans de l'eau avec une certaine herbe affez femblable à la Tanafie; ils croyent qu'elle a la proprieté de rendre à la viande corrompuë fa premiere fraifcheur & blancheur, ils expofent enfuite cette chair à la fumée, & aprés l'y avoir laiffée quelque temps ils la font boüillir derechef, & pour un regal entier ils l'affaifonnent de Poivre long; voila la maniere de preparer la venaifon dans l'Amerique; j'en ay mangé quelquesfois, la chair en eft courte & blanche; mais j'avoüe qu'au commencement ce n'eftoit pas fans repugnance à caufe de l'imagination des vers.

Les Indiens qui ne font pas obligez à fervir les Efpagnols, & qui n'ont guere à faire, vont chaffer le Heriffon dans les bois, ils en aiment fort la chair; les Heriffons y font fort femblables aux noftres, ils ne vivent au dire des Indiens, que d'œufs d'Amits, de racines feiches & d'herbes. La chair de cét animal eft blanche, & ne le cede point à celle des poulardes que l'on a engraiffées. Les Efpagnols les plus riches en mangent mefme le Carefme, à caufe qu'ils ne vivent, comme je viens de dire, que d'Amits, ou fourmis & de leurs œufs, d'herbes, & de racines, toutes chofes de peu de fubftance.

Ils mangent auffi beaucoup d'un autre animal, qu'ils nomment Iguana, il y en a de deux fortes, d'aquatiques & de terreftres; ceux-cy grimpent comme des Ecureüils au haut des arbres, & font leurs petits entre des racines d'arbres, ou dans quelque trou de muraille; ils ont des écailles vertes & d'autres noires; la figure de cét animal fait peur d'abord, mais fa chair ne laiffe pas d'eftre fort bonne boüillie, & rend un excellent boüillon; elle approche du gouft de celle du Lapin, il eft fort dangereux d'en manger lors qu'elle n'eft pas affez cuite, & il m'en a penfé coûter la vie. Il eft décrit ailleurs avec plus de foin & d'exactitude auffi bien que les Tortuës d'eau & de terre qui s'y trouvent en grand nombre.

La boiffon ordinaire des Indiens eft la Chocolate fans Succre n'y Attolle; ils la quittent quand ils peuvent avoir de quelque boiffon qui enyvre, & en boivent jufqu'à la derniere goutte, & n'épargnent rien pour en avoir: Ils compofent un breuvage qui eft encore plus fort que le vin d'Efpagne, car ils empliffent de Melaffe & de fuc de cannes de fuccre une grande Tinaxa ou Urne de terre, ils y adjouftent un peu de miel pour donner de la douceur à cette compofition, & peu d'eau, des racines & des feüilles de Tabac & d'autres plantes pour en augmenter la force; il y en a mefme qui mettent dans ces Urnes un Crapaut vif & l'y laiffent l'efpace d'un mois, puis ils convient leurs amis d'en venir boire, ce qu'ils font d'ordinaire la nuit, de peur que leur Curé ne les en empefchent; ils boivent jufqu'à crever de ce vin ainfi preparé, qu'ils nomment Chica; il en fort une puanteur infupportable, cette boifson est cause de la mort & de la perte d'un grand nombre d'Indiens.

Les Espagnols frelatent & alterent en mil manieres le vin qu'ils leur vendent, quoy qu'il y ait des deffenses fort rigoureuses, & mesmes des peines contre ceux qui en vendent dans les villes d'Indiens, mais le grand profit qu'ils y font, est cause qu'ils ne s'en sçauroient empescher, principalement aux environs de Guatemala. (*Voyez le Memorial de Palafox.*)

Lors qu'un Indien est si yvre qu'il ne peut plus boire, ils luy font payer deux fois plus qu'il n'a dépensé, ils ont le soin de le mettre au lit, mais ils ne manquent pas de renverser ses poches.

Dans une Ville de trois ou quatre cens familles d'Indiens, il y aura deux Alcaldes, six Regidores, deux Algoazils majors, & six Algoazils inferieurs. Et quant aux Villes d'Indiens qui ont le privilege d'élire des Gouverneurs de leur Nation, l'Eleu commande à tous ces Officiers, on les change tous les ans, l'élection se porte à l'Audiance dont la Ville ressort, là le Gouverneur Espagnol de la Province où est cette Ville, la ratifie; il fait mesme rendre compte aux Officiers qui sortent de charge, de la dépense qu'ils ont faite, ils le dressent sur le Livre de compte de la Ville, car chaque Ville a son Secretaire ou Greffier qui exerce cette charge plusieurs années, parce que les Indiens n'en sont pas capables, il tire beaucoup de sa Charge à cause de la multiplicité des Actes qu'il expedie.

Si celuy qui est éleu Gouverneur se fait aimer de ses concitoiens il est continué long-temps, autrement les Espagnols le changent sur les premieres plaintes qu'on leur fait de sa conduite, & l'on en establit un autre à sa place.

Ces Gouverneurs ont le pouvoir de juger tous les Indiens de la Ville qu'ils gouvernent de quelque qualité qu'ils soient; il les peut faire mettre en prison, imposer des amendes, les faire fustiger, & les bannir; car pour la haute Justice elle est entre les mains des Espagnols.

Si un Espagnol passant par une Ville d'Indiens ou y estant habitué cause du scandale, ou fait quelque insolence, le Gouverneur Indien a bien le pouvoir de l'envoyer avec le procez verbal de l'excez qu'il a commis, à l'Audiance Espagnole la plus prochaine, mais il n'a pas celuy de le faire punir, ny mesme de luy faire garder prison, une nuit seulement. Ce pouvoir sur les Espagnols, quoy que limité au point que je viens de dire, leur est inutile, car il n'en faut qu'un seul pour faire trembler toute une Ville d'Indiens; ils sçavent d'ailleurs que l'Espagnol aura toujours gain de cause; c'est de là que vient leur arrogance & leur abandonnement à toute sorte de crimes.

Lors qu'il y a sujet de plaintes contre quelque Indien, j'entends lors que le different n'est qu'entre des Indiens, les parens, & le Chef du quartier dont il est s'assemblent, concertent ensemble la punition qu'il a meritée; les Officiers de Justice confirment leur Sentence & la font executer, si ce n'est que le coupable n'en appelle pardevant son Curé, qui a aussi pouvoir de juger les criminels qui appellent pardevant luy de la Sentence que les Justiciers ou Alcaldes ont renduë contr'eux; souvent ils remettent les cas de Justice au jugement des Prestres qu'ils croyent en cela plus sçavans qu'eux, & disent que les punitions qu'ils leur imposent leur semblent plus douces, comme venans de la main Dieu: Ce sont les paroles que me dit un jour un Indien, qui avoit appellé pardevant moy de la Sentence de son Iuge; je le condamnay au foüet que je luy fis donner, dont il me remercia, me baisa les mains, & mesme me donna quelque argent par une reconnoissance si peu meritée.

Il se trouve dans la pluspart de leurs Villes des Maréchaux, de Tailleurs de pierres, des Charpentiers, des Massons, des Cordonniers, & d'autres artisans tous fort adroits. Ie me mis un jour en teste de faire faire une voûte fort large au dessus d'une Chapelle de l'Eglise de Mexco; il estoit difficile de bien conduire le cintre de cette voûte, neantmoins je ne pris que des Indiens. La pluspart de leurs Eglises sont voûtées, & ce sont les Indiens qui les conduisent. Du temps que j'estois à Amatitlan ils y bastirent un Cloistre avec plusieurs arcades de pierre les unes au dessus des autres, avec autant de justesse que des Espagnols auroient pû faire. Ils sont fort portez à la peinture, & ce sont eux qui peignent la pluspart des Images, & des Autels de leurs Eglises. Presque dans toutes leurs Villes il y a une Escole où l'on montre à lire & à chanter, quelques-uns y apprennent aussi à écrire. Chaque Eglise a ses Chantres, ses Trompettes & ses Hauts-bois, plus ou moins, selon que la Ville est grande; ils appellent Fiscal celuy qui est Maistre de la Chapelle, ou Musique; il porte pour marque de sa Charge une baguette blanche avec une Croix d'argent au bout, & lors que quelqu'un se pourvoit pardevant le Curé, c'est le Fiscal qui fait executer ce qu'il ordonne. Il est obligé de faire assembler tous les Dimanches & les bonnes Festes la jeunesse, & de les Catechiser. Il se doit trouver le matin à l'Eglise avec les Musiciens quand on sonne la Messe, qui se dit dans plusieurs Eglises avec des Orgues & d'autres instrumens. Ce Fiscal y est plus consideré que les Officiers de Iustice, & jouit de beaucoup d'exemptions.

Toutes les Villes de l'Amerique Espagnole dépendent ou de la Couronne, ou de particuliers nommez Encomenderos, qui descendent la plufpart des premiers Conquerans de ce Pays: elles payent toutes generalement un certain tribut au Roy en argent, sans celuy qu'elles doivent à leur Encomendero en denrées que produit le Pays : il y en a pourtant de franches de tout tribut comme celles dont les habitans descendent des Peuples de Tlaxcallan, & d'autres endroits aux environs de la Ville de Mexique, qui aiderent les Espagnols dans leurs premieres Conqueftes. Il n'y a point de Ville d'Indiens fi pauvre où chaque homme marié ne paye tous les ans au Roy au moins quatre Reaux ou trente fols, & autant à fon Encomendero ; mais fi la Ville eft tributaire du Roy feulement, ils payent chacun fix, & en quelques endroits huit Reaux. Celles qui appartiennent à des Encomenderos leur payent pour tribut des marchandifes que produit le Pays, comme du Maiz, du miel, de la volaille, du fel, du Cacao & des mantes faites de cotton: ces mantes, & les autres marchandifes qu'ils contribuent font les plus eftimées, parce que les Indiens choififfent les meilleures, & s'ils portoient à leur Seigneur quelque chofe qui ne fut pas l'élite de fa forte, ils fçavent qu'ils n'en rapporteroient que des coups, & feroient renvoyez pour en aller querir d'autres. Le Chef de chaque quartier a le foin de ramaffer les tributs ; il les délivre aux Officiers du Roy, fi la Ville en dépend ou à fon Encomendero.

Ce que j'ay veu de plus humain dans le Gouvernement des Efpagnols, eft qu'un Indien qui a atteint 70. ans & qui eft pauvre, eft franc de tout tribut.

Les Indiens font traitables, & d'un naturel fort doux ; ils font craintifs, & par cette raifon l'on en tire toute forte de fervice & d'obeïffance, pour peu qu'on les traite avec quelque douceur, autrement ils fervent mal-volontiers, ne trauaillent que par force, & aiment mieux s'étrangler que de vivre fous la domination d'un Maiftre injuft. : ils font auffi fort fidels, l'on n'entend point dire qu'ils commettent des vols d'importance, & un Efpagnol paffe la nuit fans crainte dans un defert tout feul entre plufieurs Indiens quoy qu'il ait fur luy de l'or,& d'autres richeffes ; ils font d'ailleurs fort fecrets, difcrets dans leurs difcours, & ne revelent jamais rien au prejudice de ceux de leur Nation, ny mefme contre ceux d'entre les Efpagnols qu'ils ont pris en amitié, mais ils ont furtout un grand refpect pour leurs Preftres, ils mettent leurs plus beaux habits pour leur parler, & étudient les paroles qu'ils leur doivent dire ; ils ont beaucoup d'expreffions differentes, ornées de figures, & y employent les fables & les comparaifons ; je me fuis plû fouvent à écouter des heures entieres de vieilles femmes Indiennes, qui me parloient avec tant d'eloquence que j'en eftois furpris ; j'apprenois mieux l'Indien à les entendre parler, que je n'aurois pû faire dans les Livres, & je ne doute point qu'une perfonne qui fçauroit leur répondre avec les mefmes expreffions, ne gagnaft les cœurs des Indiens, & que l'on ne tiraft d'eux par là tout ce que l'on voudroit.

Quant à leur Religion, ils exercent dans l'exterieur la Catholique, mais naturellement ils font fort fuperftitieux, & vifionaires ; ils tirent mauvais augure de la moindre chofe : d'un oyfeau, par exemple, qui viendra voller ou chanter proche leur maifon ; enfin, il y en a encore aujourd'huy plufieurs qui adorent les Idoles, & d'autres qui fe mélent de forcellerie ; le Diable apparoift à ceux cy, & leur fait croire que leur vie dépend d'une certaine befte, & que quand elle mourera ils mouront auffi ; c'eft pourquoy ils tremblent de peur lors qu'on chaffe cette befte, & fi elle devient malade ils le font auffi d'imagination.

Le Prefident, & les Officiers de l'Audiance de Guatemala, & autres Païs, comme auffi les Gouverneurs, enrichiffent leurs domeftiques aux dépens des Indiens ; aux uns ils donnent la charge de voir combien chaque habitant des Villes & Bourgades de leur Iurifdction a femé de Maiz ; les autres prennent garde qu'ils nourriffent beaucoup de volailles afin qu'il y en ait toufiours en abondance dans le païs. Il y en a qui ont foin de voir fi les Indiens font bon ménage : d'autres ont la commiffion de leur faire raccommoder les grands chemins : il y en a d'autres qui ont la charge de conter les Indiens de chaque lieu ; mais le pis eft, que ces Officiers font leur vifite quand la fantaifie leur en prend, & les Indiens font obligez de leur donner quelque chofe à chaque fois. Quand donc un Officier veut conter les Indiens il les appelle tous l'un aprés l'autre par leur nom comme ils font marquez dans fa Lifte, il fe fait amener tous leurs enfans de l'un & de l'autre fexe pour voir ceux qui font propres à marier ; & quand il en trouve qui ne font pas mariez & qui en ont l'âge, il en fait des reproches au pere, leur difant qu'ils font inutils puis qu'ils ne payent pas de tribut au Roy Il augmente le tribut du pere felon le nombre d'enfans qu'il a d'âge à eftre mariez, & quand ils le font il les taxe comme les autres Indiens ; & afin que ce tribut monte plus haut, ils ne fouffrent pas qu'ils laiffent leurs enfans fans les marier quand ils ont atteint l'âge de quatorze ou quinze ans. Ils fouftiennent mefme qu'un garçon à quatorze ans & les filles à treize font nubiles, ils les y contraignent, & fe fervant de l'exception du Canon, qui ne veut pas qu'on fe

marie

marie devant quinze ans, par la maxime *niſi malitia ſupleat atatem*. Du temps que j'eſtois
à Pinola , l'Encomendedro de qui elle dépendoit en fit conter les habitans, ce qui dura une ſemaine , pendant laquelle l'on me fit faire vingt mariages, qui avec ceux qui s'e-
ſtoient faits depuis la derniere fois qu'on les avoit comptez, montoient à cinquante familles de ſurcroiſt; ils me contraignirent entr'autres de marier un garçon qui n'avoit pas
douze ans, j'y employay inutilement le Regiſtre des Bapteſmes, tout cela ne ſervit de rien,
il en fallut paſſer par là.

Quoy que les Indiens ſoient ainſi tyranniſez par les Eſpagnols, ils ne laiſſent pas d'aimer
fort les réjoüiſſances, & les feſtes publiques, principalement les danſes , ſur tout à la feſte
de leur Ville ou Bourgade. Trois mois auparavant que ce jour arrive ils font des aſſemblées la
nuit, & des repetitions des danſes qu'ils doivent danſer ce jour ſolemnel: dans ces aſſemblées
ils boivent beaucoup de Chocolatte & de Chica; il y a une maiſon particuliere pour chaque
ſorte de danſe, & des Maiſtres qui les enſeignent. Durant ce temps-là l'on ne ſçauroit dor-
mir la nuit à cauſe du bruit qu'ils font avec leurs chanſons & à joüer des Haut-bois , &c.
Le jour de la feſte eſtant venu, ils danſent en public l'eſpace de huit jours, les danſes qu'ils ont
appriſes en particulter. Ce jour là vous les voyez habillez d'eſtoffes de ſoye ou de thoilles fines, ornez de rubans; & de pennaches de plumes ſelon la danſe qu'ils veulent danſer. Ils la
cōmencent devant l'Image du Saint qui en eſt le Patron, ou bien devant l'Egliſe. Durant l'octa-
ve du Saint ils vont danſer dans les maiſons, où l'on leur donne de la Chocolatte, ou quelques autres breuvages, la pluſpart ſont yvres pendant ce temps là, & ſi on les en blaſme, ils
diſent brotalement qu'ils ont beu à la ſanté du Patron de leur Village afin qu'il ſe ſouvien-
ne d'eux dans le Ciel. Ils appellent Toncontin la principalle de leurs danſes, elle a eſté
danſée à Madrid en preſence du Roy d'Eſpagne, qui la trouva fort divertiſſante : pour la
danſer ils s'habillent d'habits blancs, brodez de figures de fleurs ou d'oyſeaux, avec des longues pannaches de plumes de diverſes couleurs, collées ſur un corcelet doré fait exprès qu'ils
attachent avec des rubans ſur leurs épaules, la teſte couverte d'un eſpece de caſque doré, ou
chapeau avec un bouquet ou touffe de plumes ; pluſieurs attachent à leurs pieds des plumes rangées en forme d'ailes d'oyſeaux, ils ont tous un éventail à la main, anſi des plumes,
ainſi ils en ſont tous couverts depuis la teſte juſqu'aux pieds. Trente ou quarante hommes
habillez de la ſorte , plus ou moins ſelon que la Bourgade eſt grande, danſent au ſon d'un
inſtrument qu'ils nomment Tepanabaz, il eſt plus épais quatre fois que nos violles, & eſt fait
d'un tronc d'arbre creux, rond, bien vuidé, & uny par dedans, & par dehors il a deux ou
trois fentes longues pardeſſus, & quelques trous au bout ; on le met ſur un ſiege de
bois au milieu de la danſe, & le Maiſtre à danſer bat deſſus la meſure avec deux baſtons,
entourez de laine par le bout, couverte d'un cuir poiſſé qui l'envelope & la retient ; les Indiens connoiſſent par le ſon de cét inſtrument, qui eſt rude & ſourd, les mouvemens qu'ils
doivent faire, & quand ils doivent chanter, ils danſent en cadence autour de leur Tepanabaz , ſe ſuivant les uns les autres, & vont quelquefois droit, d'autres fois en rond ou en
demy cercle, le corps courbé juſqu'à terre, & ſy touchent quelquefois avec les plumes
qu'ils ont dans les mains, ils diſent cependant des chanſons à l'honneur de leur Saint,
& quand ils ont danſé deux ou trois heures en un endroit ils vont recommencer en une
autre maiſon.

Il n'y a que les principaux de la Ville qui danſent le Toncontin, qui eſt une danſe fort ancienne chez eux. Ils repteſentét auſſi ſouvent la chaſſe de quelque beſte feroce qu'ils offrent
à leur Saint, au lieu qu'autres fois ils la ſacrifioient à leurs Idoles. Pour faire cette chaſſe ils
ſe couvrent de peaux de Lions, de Tigres, de Loups & d'autres beſtes, les uns ont des teſtes
de ces meſmes animaux ou d'Aigles, & d'autres oyſeaux de rapine ſur leur teſte , &
à la main des haches, des épées, & d'autres armes peintes, avec leſquelles ils font mine
de tuer la beſte, ils la courent au ſon d'un petit Tepanabaz, & au bruit que rendent pluſieurs écailles de Tortuës qu'ils frappent les unes contre les autres, & au deffaut d'écailles, ils battent ſur une peau étenduë ſur des pots ; en courant ils font pluſieurs cris ;
s'appellent ; & ſe diſent l'un une choſe, l'autre une autre touchant la beſte qu'ils courent.
Quelquesfois au lieu de repreſenter cette chaſſe ils courent aprés quelque homme fort viſte
à la courſe, le pourſuivent, frappent l'air de leurs armes peintes, les heurlemens épouven-
tables dont ils accommapagnent ces repreſentations rendent la Feſte mal agreable.

Je ne m'arreſteray pas icy plus long-temps ſur leur police & manieres de faire, je vous diray
que l'envie de revoir ma Patrie me fit reſoudre à quitter Guatemala , & d'aller ailleurs
apprendre l'Indien, afin de gagner quelque argent pour mon retour : Je ſçavois que le Conſeil des Indes ne permet pas aux Eccleſiaſtiques qui ont paſſé aux Indes d'en revenir qu'a-
prés y avoir demeuré dix ans; j'écrivis au General de mon Ordre pour avoir cette permiſſion.

IV . Partie.   ✴ ✴ ✴ ✴ ✴ ✴

Dans ce temps-là un Religieux nommé Francisco de Moran, Prieur de Coban dans la Province de Vera Paz, avoit representé à l'audiance de Guatemala la necessité de découvrir un chemin pour penetrer de Vera-paz à Jucatan, & de reduire les peuples barbares qui habitent entre ces deux païs, qui en bouchent souvent le passage, & font de frequentes courses dans les villes d'Indiens Catholiques. Moran me regardoit comme tres-propre à cette entreprise, & pour m'y engager davantage, il me faisoit voir de grands gains; Ie ne fus pas difficile à persuader, & le Provincial m'ayant donné quelque ajuto de costa, je fus avec Moran à Vera Paz avec cinquante Espagnols, & une centaine d'Indiens que le President de l'audiance de Guatemala nous fit donner pour cette entreprise. Nous partismes de Coban montez sur des Mules, & nous marchâmes deux jours par un pays habité d'Indiens Chrestiens: mais en approchant du pays ennemy, il nous fallut marcher deux autres jours à pied par des montagnes escarpées, & des forests fort épaisses. Le troisiéme jour nous resolûmes de penetrer plus avant, nonobstant les obstacles qui s'y rencontroient. Nous trouvâmes dans ces montagnes des fruits de diverses sortes, & dans les lieux bas, des ruisseaux, & des fontaines bordées de quantité d'arbres de Cacao & d'Achiotte: Nous trouvâmes une vallée traversée d'une riviere, & sur ses bords du Maiz: Nous nous tinsmes sur nos gardes, car ce Maiz nous marquoit qu'il y devoit avoir des Indiens là proche: En effet apres avoir avancé encore un peu nous découvrîmes six petites cabanes couvertes de branches, & de grandes feüilles d'arbres; Il s'y rencontra deux hommes, trois femmes, & cinq enfans, tous nuds qui tâcherent de s'enfuyr, mais on les retint, nous leur offrîmes de nos vivres, dont ils ne voulurent point manger d'abord, & ils continuerent à crier & à se tourmenter, jusqu'à ce que Moran qui parloit un peu leur langue les eut rassurez: Nous les menâmes long-temps avec nous dans l'esperance qu'ils nous enseigneroient quelque grande peuplade, mais l'on n'en sceut rien tirer: Nous continuâmes à marcher suivant des traces d'Indiens que nous rencontrions çà & là Le soir l'on se trouva proche d'une douzaine de huttes, où il y avoit vingt personnes environ, nos gens y prirét quelques arcs & des fleches, des Platanes, du poisson, & de la venaison, ce qui vint fort à propos pour faire cesser nostre faim. Nous aprîmes de ces gens qu'à deux journées de là il y avoit une grande habitation, nous nous arretâmes quelque-temps dans ces huttes, car j'y tombay malade avec quelques-uns de mes camarades; l'on envoya cependant des Espagnols, & des Indiens reconnoistre le pays; ils découvrirent plusieurs huttes, & des terres semées de Maiz, de Chile, de Féves, & de Cotton, mais ils ne pûrent prendre langue, car tous les habitans s'en estoient fuys.

La relation qu'ils nous firent à leur retour de la beauté du pays qu'ils avoient veu, nous fut de quelque consolation. Nous marchâmes le lédemain vers cette découverte; Ces habitations estoient tout le long de la riviere; Les prisonniers que nous avions faits, nous dirent qu'ils trouvoient quelquefois de l'or dans cette riviere, & que plus avant il y avoit un Lac proche duquel plusieurs milliers d'Indiens habitoient, tous adroits à tirer de l'arc.

Ce jour-là nos gens commencerent à murmurer contre Moran, de ce qu'il les avoit engagez en une entreprise si dangereuse. Vers la minuit les Sentinelles donnerent l'allarme, c'étoit une troupe de mil Indiens environ qui venoient fondre sur nous, mais quand ils virent qu'ils estoient découverts, ils se mirent à crier d'une façon épouventable; l'escarmouche ne dura qu'une heure environ, les Indiens ennemis prirent la fuite, nous en fismes dix prisonniers, & treize demeurerent sur la place; Il n'y eut que cinq de nos gens blessez, dont un mourut le lendemain. Le mesme jour nos soldats qui entendoient dire aux Indiens que si nous passions plus outre, il y avoit six ou sept milles Indiens prests à nous attaquer, ne parloient que de s'en retourner. Ces Indiens adjoûtoient que les Espagnols avoient conquis tout le pays des environs, & qu'il ne leur restoit plus que le leur à subjuguer: mais qu'ils estoient tous resolus de le deffendre jusqu'à la mort, avec leur liberté, que neanmoins si nous voulions traverser leur pays comme amis ils ne l'empescheroient pas, mais que si nous venions pour les faire esclaves, & les traiter comme leurs voisins, ils estoient tous resolus de deffendre leur liberté, & de mourir mille fois plustost que de se soûmettre à une domination si rude.

Nous deliberâmes là dessus; les uns estoient d'avis avec Moran de reconnoistre au moins le pays, & de le traverser en paix jusqu'à ce qu'on eut atteint quelque habitation de Iucatan; les autres vouloient que l'on fit la guerre à ces Indiens, d'autres opinoient au retour attendu le grand nombre des ennemis que nous avions à combattre: Dans ces entrefaites les ennemis vinrent en plus grand nombre pour nous attaquer une seconde fois, mais prirent la fuite lors qu'ils virent que nous estions sur nos gardes.

Le lendemain nous resolusmes de retourner sur nos pas; Moran fit dire aux Indiens que si ils luy vouloient donner passage libre par leur pays pour aller à celuy de Iucatan, ils revien-

droit dans quelques mois accompagné de six Indiens seulement , ils répondirent qu'il y pouvoit venir avec ce nombre d'Indiens , comme il fit l'année d'apres.

Ie retournay donc à Coban & j'y restay jusqu'à ce que les vaisseaux furent arrivez au Golfe,
où je fus avec Moran pour acheter les choses dont le Convent avoit besoin ; Il y avoit alors
une Fregate chargée pour Truxillo, où quelques affaires obligerent Moran d'aller, je l'y sui-
vis, & apres avoir demeuré une semaine en ce Port fort aisé à prendre côme il a paru lors que
les Anglois & les Hollandois l'ont pillé, nous retournâmes par terre à Guatemala par le pays
de Comayagua, autrement Honduras ; C'est un pays couvert de Forests, & de montagnes,
fort pauvre; d'ailleurs fort difficile à traverser, & l'on n'y trouve à acheter que des cuirs, de la
Cannafistula, & de la Sarsaparilla; Le pain y est si rare que l'on s'y sert de Cassave ; mais dans
le milieu du pays, principalement aux environs de la ville de Comayagua l'on trouve du
Maiz en plus grande abondance, à cause de quelques Bourgades d'Indiens basties çà & là ;
Ce pays m'a paru le plus pauvre de toute l'Amerique : Le lieu de cette Province le plus sain,
& où il fait meilleur vivre , est la Vallée de Gracias à Dios, où il y a des fermes fort abondantes en bestiaux & en grains ; l'on compte de Truxillo à Guatemala quatre-vingts ou cent
lieuës, que nous fîmes par terre sans manquer de vivres, ny de guides, car les Indiens s'y
offroient volontairement , & nous donnoient tout ce que nous pouvions souhaiter
d'eux.

Estant de retour à Guatemala nous y fusmes receus comme des Apostres, parce que
nous avions hazardé nostre vie pour découvrir un païs de Payens. Moran fut si transpor-
té de joye de la maniere avec laquelle il avoit esté receu, qu'il fit dessein de retourner au païs
de ces Payens accompagné de six Indiens seulement, comme il leur avoit promis. Il auroit bien souhaitté que je l'eusse accompagné dans cette seconde entreprise, mais je m'estois
trouvé fort mal dans le premier voyage, d'avoir esté obligé de marcher à pied, & ie ne
voyois point dans cette expedition d'esperance de pouvoir trouver ce qu'il me falloit d'argent
pour retourner en Angleterre qui estoit tout mon dessein, c'est pourquoy je me resolus d'amasser de l'argent par d'autres voyes moins dangereuses ; & afin de pouvoir prescher aux Indiens qui sont fort liberaux envers leurs Prestres & Curez , je me mis à apprendre la langue Poconchi dans la Ville de Petapa.

Les Peres des environs entendent fort bien l'Indien , & en ont mesme composé des
Grammaires & des Dictionnaires. Le Pere Molina, mon Maistre en cette Langue, écrivit
au Provincial que j'estois capable d'instruire les Indiens , & de les prescher , & que je
meritois bien d'estre Curé dans quelqu'une de leurs Bourgades , afin de m'accoustumer à
prescher plus hardiment, & achever d'apprendre cette Langue que je sceus parler en trois
mois. Le Provincial qui estoit mon amy, me pourveut aussi-tost des Bourgades de Mixco &
de Pinola, à condition que je rendrois compte au Cloistre de Guatemala , tous les quarriers
de ce que j'aurois receu: Car les peupades des Indiens dépendent toutes de quelque Convent;
& les Religieux qui sont pourveus de la Cure de quelque Bourgade , sont obligez de donner à leurs Superieurs l'argent qu'ils ont gagné, de plus que ce qu'ils ont dépensé pour
leur entretien , & celuy de leurs valets. Cét ordre ne s'observe pourtant pas au Perou, car
les Religieux apres avoir esté pourveus de quelque Benefice, ne dépendent plus d'aucun
Conuent, & appliquent à leur profit ce qu'ils gagnent, aussi ne reçoivent-ils de leurs Convents aucune chose, ny pour le vivre ny pour l'habillement : cela fait que les Religieux du
Perou sont les plus riches de tous ceux des Indes , & meinent une vie de grands Seigneurs
plûtost que de Religieux ; ceux de Guaxaca & de Mexique , ont suffisamment pour
vivre à leur aise, mais ils ne joüissent pas de la mesme liberté que ceux du Perou, à cause
du compte qu'ils sont obligez de rendre à leurs Superieurs comme j'ay desia dit, aussi reçoivent-ils tous les mois de leurs Convents un baril de vin, d'environ quarante pin-
tes, & tous les ans un habit neuf, & les autres hardes qui leur manquent. Avec tout cela les Religieux de Guatemala ne laissent pas d'avoir beaucoup de profits, tellement qu'ils
peuvent mettre tous les ans une somme considerable en reserve leur dépense payée, & le
Superieur aussi à qui ils donnent environ trois cens écus tous les ans. Mixco me valoit tous
les mois vingt écus, & Pinola quinze, qui m'estoient ponctuellement payez par les Gouverneurs, ou Alcaldes de ces Bourgades ; & pour me payer cette somme on semoit une terre
de grain ou de Maiz , appartenant à la Commune ; on écrivoit dans un Livre le profit qu'elle rapportoit tous les ans , & il falloit que j'écrivisse dans le mesme Livre ce que je rece-
vois , & on le portoit tous les ans à l'Audiance de Guatemala pour estre examiné.

Je passay cinq ans à Mixco & Pinola ; une année que les Sauterelles ruinerent leurs suc-
cres, les grains, & l'Indigo, je gagnay beaucoup, car les Indiens me faisoient dire des
Messes & faire des Processions, & Prieres pour détourner ce fleau de Dieu ; L'année d'aprés ce

païs fut fort affligé d'une maladie tres-violente & contagieuse, qu'ils nomment Tarbadi-
lo, ce mal attaquoit les entrailles, & faisoit mourir une personne en trois ou quatre
jours; la puanteur qui sortoit du corps de ceux qui en estoient atteints, estoit si grande
qu'elle infectoit, & les maisons & ceux qui venoient voir le malade; les chairs de la bouche
& de la langue pourrissoient, & le corps devenoit noir comme charbon. Il y eut fort
peu d'Espagnols d'attaquez de cette maladie, mais les Indiens le furent generalement.

Ce Pays est fort sujet aux tremblemens de terre; un peu aprés que la maladie dont je viens
de parler fut cessée, il en fit un si grand, que la Ville de Truxillo en fut abysmée. Les tremblemens y commencent tout à coup, durent tres-peu, & se font en trois escousses ou
mouvemens : le premier souleve la terre d'un costé, le second semble la soulever de l'autre, & le troisiéme la remet droite & en son premier estat.

Aprés avoir esté cinq ans Curé de Mixco, & de Pinola, j'obtins permission du General de mon Ordre, de retourner à mon pays, & comme le Provincial de Guatemala n'y
vouloit point consentir, je resolus de partir à son insçeu à la premiere occasion, aprés
avoir fait vendre par Miguel d'Alva vieux Negre de mes amis, tout ce que j'avois de meu-
bles & d'autres effets qui me rendirent 9000 pieces de huit, somme que j'avois ramas-
sée en douze ans de sejour que j'avois fait dans l'Amerique.

Je partis donc de Petapa le septiéme Janvier 1637. à minuit, accompagné de Miguel
d'Alva seulement : comme le chemin estoit tousiours en montant il estoit quasi jour avant
que nous eussions atteint le sommet de Sierra redonda montagne fort renommée à cause
deses bons pasturages & des bestiaux qu'elle nourrit; j'en partis dés le jour afin de n'estre
pas reconnu par quelqu'un de Petapa, car elle n'en est éloignée que de cinq lieuës; A quatre lieuës de là est une peuplade d'Indiens nommée los Esclavos, parce que du temps de
Montezuma ses habitans estoient obligez de porter d'Amatitlan par tout le pays d'autour, les Lettres, & toutes les autres choses qu'on leur donnoit à porter; & il falloit pour cét
effet qu'un certain nombre de ces gens allast toutes les semaines à Amatitlan, pour rendre
à ses habitans le service de couriers que je viens de dire: on remarquera à cette occasion qu'A-
matlan est un mot composé d'Amat, c'est à dire une Lettre, & de Itlan, c'est à dire Ville, à
cause que c'estoit autrefois le lieu où l'on envoyoit les Lettres de toutes parts pour este portées de là par tout le pays, mesme jusqu'au Perou. La Bourgade de Los Esclavos est bastie
dans un fonds proche d'une riviere sur laquelle les Espagnols ont basty un grand pont, à
cause de la rapidité de ses eaux qui en rendoit le passage difficile.

Le mesme jour nous gagnasmes Aguachapa qui en est à dix lieuës, & fort proche de la
Mer du Sud, & du Port de la Trinidad où nous arrivasmes le soir, si bien que nous fismes
en un jour & partie d'une nuit soixante mille d'Angleterre, par des montagnes & des chemins pierreux. La Bourgade de Aguachapa est fort renommée à cause de la vaisselle de terre qui s'y fait mieux qu'à Mixco. A un mille & demy de là est un Volcan dont il sort
continuellement une fumée fort épaisse & noire, & mesme des flammes de temps en temps;
le lieu d'où sort cette fumée est enfoncé, contre l'ordinaire des autres volcans l'en partis à
minuit, & fus déjeûner à une grande Bourgade nommée Chalchuapan, dont les habitans
parloient le Poconchi. Delà je fus à une Ferme détournée du chemin de San Salvador, où je
ne voulus pas entrer craignant d'y estre connu, parce qu'elle est habitée par des Espagnols :
cette Ville est fort pauvre, & n'est gueres plus grande que Chiapa, elle est distante de Guatemala de quarante lieuës au moins; les montagnes nommées Chuntales où il habite des
Indiens aussi fort pauvres, la couvrent du costé de la Mer du Nord, l'on fait à ses environs
du sucre & un peu d'Indigo, les bestiaux sont leur trafic, j'en partis sur les huit heures du
soir, & traversay la ville de San Salvador, à la faveur de la nuit.

Vers les sept heures du matin je me trouvay sur les bords d'une grande riviere nommée
Rio de Lempa, distante de dix lieuës environ de San Salvador; j'y rencontray l'Indien que j'a-
vois fait partir de Mixco avec mon bagage. Cette riviere est grade, il y a toûjours deux Bacqs
pour la passer, à deux lieuës par de là cette riviere est un Village d'Indiens, où je fis le meilleur repas que j'eusse point encore fait depuis Patapa, j'en partis à quatre heures aprés midy, & fus gagner un autre Village distant de deux lieuës du premier. Le lendemain je n'avois
que dix lieuës à faire pour arriver à une Bourgade nommée San Miguel, qui est quasi aussi
grande que celle de San Salvador. Là je vendis la Mule que je montois, & resolus d'aller par
un bras de Mer à une Bourgade de la Province de Nicaragua nommée la Vieia; je donnay
donc ordre à l'Indien qui menoit mon bagage de m'aller attendre à la Vieia ou à Realeio,
qui sont deux Bourgades fort proche l'une de l'autre, & distantes de San Miguel de trente
lieuës. J'arrivay à la Vieia aprés un jour de navigation, au lieu qu'il en faut bien trois pour
faire ce chemin par terre; mon Indien y arriva le lendemain, & nous fusmes à Realeio; De là

je fus.

je fus à Granada, je ne trouvay rien de plus remarquable que la beauté, & la facilité du chemin
qui y meine, fes fruits & l'abondance de toutes chofes, rendent ce Canton le plus delicieux de
toute l'Amerique. Entre Realeio & Granada eft la ville de Leon, proche d'un Volcan, qui fit
autrefois de grands dommages aux païs voifins par les flammes qui en fortirent, mais il a
ceffé, & laiffe maintenant les habitans en liberté, mais non pas fans crainte, car il fume encore de temps en temps.

La ville de Leon eft baftie fort proprement; le foin de fes habitãs n'eft point d'amaffer des richeffes, peu neceffaires dans un lieu où l'on vit pour rien, mais d'être logez plaifammét, & de vivre de même: Ils paffent agreablement le téps dans leurs jardins, fans fe mettre en peine de trafiquer, quoy qu'ils le pourroiét fort aifémér par le Lac qui en eft proche; ils fe contentent feulement d'envoyer tous les ans par ce Lac quelques Fregates à Havana par la mer du Nort, &
à Realeio par celle du Sud, au lieu de faire le traficq du Perou. Le chemin eft fort beau, & uny
depuis cette Ville jufqu'à Granada; j'y appris que les Fregates fur lefquelles je me devois embarquer, ne mettroient pas fi-toft la voille, je me retiray dans une Bourgade d'Indiens là proche, de peur d'eftre reconnu à Granada par quelqu'un de ceux qui y viennent en ce temps
avec les troupes de Mules chargées de Cochenille & d'Indigo, qu'elles apportent de Guatemala pour en charger les Fregates. Les maifons de Granada font plus belles que celles de
Leon, & elle eft bien plus habitée; il y a quelques Marchands extraordinairement riches,
& grand nombre d'autres qui le font mediocrement, dont les uns trafiquent à Carthagena,
Guatemala, San Salvador & Comayagua; & les autres au Berou, & à Panama par la Mer du
Sud; cette Ville eft devenuë la plus riche de toute l'Amerique Septentrionale, par les Fregattes que les Marchands de Guatemala y chargent tous les ans de leurs marchandifes pour
eftre tranfportées à Carthagena, aimans mieux fe fervir de cette voye, que de celle du Golphe de Honduras, entre lequel & Havana les Hollandois les ont fouvent pillez; au lieu que le
chemin qu'ils prennent maintenant n'eft pas tant croifé par ces Corfaires. L'on tranfporte
mefme quelquesfois les revenus du Rôy à Carthagene par cette voye. Lors que j'eftois à
Granada il y vint en vn jour 300 Mules de San Salvador & de Comayagua, chargées feulemét
d'Indigo, de Cochenille, & de cuirs. Deux jours apés il y arriva de Guatemala trois troupes de Mules, dont l'une eftoit chargée de l'argent que cette Province paye de tribut, la fecon-
de de fuccre, & la troifiéme d'Indigo. I'appris là avec douleur que le paffage de Granada à
Carthagena duroit quelquesfois des deux mois, quoy que le trajet fut fort court, & que cette navigation eftoit fort difficile principalement fur la riviere nommée le Defaguadero, à
caufe des chutes d'eau entre les Rochers qui y font en plufieurs endroits: de forte que l'on
eft fouvent obligé de décharger les marchandifes qui font dãs les Fregattes, & d'en charger
des Mules qui font là pour cét effet avec une troupe d'Indiens, qui ont foin de dreffer des Magazins pour y mettre les marchãdifes jufqu'à ce que les Mules les trãfportent, & d'autres magazins par delà le plus mauvais paffage, où on les remet dãs les Fregates. Outre ces difficultez
il y a des Moucherons en tres grande quantité, qui incommodent fort durant que l'on eft
fur cette riviere, & les chaleurs y font fi exceffives prefque par tout, que plufieurs perfonnes
y meurent auparavant d'avoir atteint la Mer. Nonobftant ces difficultez j'avois fait marché
avec un Capitaine de Vaiffeau pour me porter à Carthagena lors qu'il vint une deffenfe de
Guatemala à tous les Vaiffeaux qui eftoient dans le Port de Granada, de n'en point partir de
cette année-là, fur ce que l'on y avoit eu advis que des Vaiffeaux Anglois & Hollandois at-
tendoient au paffage les Fregates de Granada vers l'embouchure du Defaguadero; cét ordre me fit refoudre avec trois Efpagnols d'aller par terre à Coftarica, car l'on nous avoit affeurez qu'à Cartago nous trouverions des Vaiffeaux qui iroient à Portobelo, ou par la riviere des Ançuelos, ou par celle de Suere, d'où il part tous les ans quelques Vaiffeaux
chargez de farine, de lard, de vollaille, & d'autres victuailles pour les Gallions; c'eftoit un
chemin tres-difficile & de prés de 150. lieuës, par des montagnes, & des deferts, & par-
deffus tout cela nous n'eftions pas affeurez d'y trouver des Fregates pour Portobelo.

Nous refolufmes de tenter toutes fortes de moyens pour joindre les Gallions plûtoft que de
retourner à Guatemala. Ie partis donc de Granada avec les trois Efpagnols que je viens
de dire, qui avoient deffein de retourner en Efpagne: Nous marchâmes les deux premiers jours par un païs fort agreable & fertil. Le fecond jour nous fufmes épouventez pat
un Crocodille qui fortit d'un Lac, proche duquel nous paffions, nous croyions d'abord que
ce fût quelque tronc d'arbre tombé dans l'eau, nous en paffâmes proche, fon mouvement &
fes écailles nous le firent connoiftre bien tard; il vint droit à nous, un de nos Efpagnols qui
connoiffoit mieux cét animal, nous dit qu'il falloit en fuyant tourner court tantoft à
droit tantoft à gauche, ce qui nous reüffit fort bien, car le Crocodille à caufe de fa longueur

I V. Partie.   * * * * * * *

ne pouvoit fe tourner fi vifte que nos Mules , & nous l'évitâmes par ce moyen.

Aprés avoir quitté les bords du Lac nous marchâmes plus vers la Mer du Sud que vers celle du Nord , nous ne vifmes rien de remarquable durant tout ce chemin, que des grandes forefts , où il y avoit des arbres principalement du cofté de la Mer du Sud , propres à baftir de grands Vaiffeaux , plufieurs montagnes & deferts , nous y paffions quelquesfois des deux & trois nuits de fuite , ou dans des bois éloignez d'habitations d'Indiens ; ce qui nous confoloit dans ces deferts , c'eft que nous avions un bon Guide , & que nous trouvions de temps en temps des hoftelleries que l'on a fait baftir pour la commodité des Voyageurs : Enfin , aprés plufieurs fatigues, & avoir couru mille dangers , nous arrivafmes à la ville de Carthago , elle ne me parut pas fi pauvre que l'on me l'avoit figurée à Nicaragua , car il y a des Marchands fort riches qui trafiquent à Panama , à Portobelo , à la Havana , & mefme de là en Efpagne. Cette ville eft habitée de quatre cens familles ou environ , fon Gouverneur eft Efpagnol , & c'eft un Evefché : Nous y apprifmes qu'il y avoit une Fregate prefte à faire voile de la riviere de Suere , nous y fufmes donc par un païs montagneux en plufieurs endroits , mais qui ne laiffe pas d'avoir dans des vallées par-cy par-là de tres-bons grains ; nous y trouvafmes auffi des Efpagnols qui faifoient valoir de bonnes fermes , & qui y font de grandes nourritures de Porcs auffi bien que les Indiens , qui nous parurent bien moins officieux que ceux de Nicaragua & de Guatemala , quoy que les Efpagnols les tiennent autant en bride que ceux de Guatemala , & autres lieux. Enfin , nous arrivafmes fi à propos à la riviere de Suere que nous n'y attendifmes que trois iours pour nous embarquer ; le Capitaine de la Fregate nous dit que le plus grand danger à defcendre cette riviere iufqu'à la Mer, venoit de la rapidité avec laquelle elle court en quelques endroits , qu'elle a des baffes , & des rochers qui la barrent. Nous n'eufmes pas avancé vingt lieuës que nous découvrifmes deux vaiffeaux qui venoient à nous, ils eftoient Hollandois ; & comme nous n'avions point de canon ny d'autres armes , il fallut fe rendre à difcretion : Le Commandant de ces vaiffeaux prit tout ce qu'il y avoit dans noftre Fregate, & i'y perdis prefque tout mon vaillant de mefme que mes compagnons à qui il ne refta que quelques Lettres de change payables à Portobelo. La feule grace qu'il nous fit fut de nous laiffer la Fregate vuide. Eftans de retour à terre, nous prifmes confeil touchant le chemin que nous devions tenir , à la fin nous refolufmes de retourner à Carthago : fur le chemin nous parlafmes de ce qui nous eftoit refté, les Efpagnols avoient leurs Lettres de change dont ils fçavoient bien qu'ils feroient payez à Carthago, ie me garday bien de leur dire que i'avois fauvé de ce pillage environ mil écus : Comme nous fufmes arrivez à Carthago l'on nous quefta , ie mandiois auffi de mon cofté attendant toufiours l'occafion de repaffer en Angleterre : A la fin ie choifis le chemin que m'enfeignerent des Marchands de Carthago, c'eftoit d'aller à Nicoya, à Chira, & de là à Golfo de Salinas , où ils m'affeuroient que ie trouverois embarquemeut pour Panama : mes trois compagnons Efpagnols refolurent auffi de faire le mefme chemin que nous avions toufiours confideré comme noftre pis aller : Le chemin eft fort defagreable & montagneux de Carthago à Nicoya , nous ne trouvions que fort rarement des Eftancias ou Hoftelleries pour nous repofer , fort peu de Bourgades d'Indiens , & toutes tres-pauvres : Nicoya au contraire eft jolie , c'eft la refidence d'un Gouverneur Efpagnol qui nous traita favorablemét , & nous fit efperer qu'il devoit bientoft venir de Panama à Golfo de Salinas un vaiffeau pour y charger du Sel, & d'autres denrées comme ils ont accouftumé tous les ans. Pendant que ie fus là ie gagnay environ 150. écus à prefcher , confeffer, & dire la Meffe, parce que le Curé s'eftoit mis mal avec le Gouverneur, & n'ofoit fortir. A la fin nous eufmes avis qu'il eftoit arrivé une Fregate de Panama à Golfo de Salinas, fon Capitaine vint à Nicoya, & nous traitafmes avec luy les trois Efpagnols & moy, pour nous mener à Panama. Il y a aux environs de Chira, de Golfo, de Salinas , & de Nicoya quelques fermes d'Efpagnols, & des petites Bourgades d'Indiens , dont le Gouverneur de Nicoya oblige les habitans à luy teindre un efpece de fil, nommée Pita, qui eft de grand debit en Efpagne ; ils le teignent en couleur de Pourpre , qui y eft fort eftimée , les Indiens tirent cette couleur de certaines coquilles qu'ils ramaffent fur le rivage de la Mer.

Il fe trouve auffi en cét endroit en plus grande abondance qu'à pas un autre , des coquilles dont ils fçavent tirer d'autres couleurs.

Les marchandifes qui fe traitent aux environs de Chira , & de Golfo de Salinas , font le Sel, le Miel, le Maiz, un peu de grain, la Pita, & de la volaille que des Fregates viennent querir tous les ans pour les porter à Panama. Noftre Fregate fut bien-toft chargée de ces marchandifes, nous nous y embarquafmes en efperance d'eftre en cinq ou fix iours à Panama ; mais dés le lendemain le vent & la tempefte nous pousferent iufques vers le Perou ; fept iours aprés un autre vent nous fit dériver vers les Isles de las Perlas , & Puerta de Chame qui eft au Sud des montagnes de Veragua , d'où nous efperions aller en deux iours au plus à Panama, mais le vent ceſſa tout à coup, & en une nuit les courants nous reculerent bien plus que nous n'avions avancé ce jour-là. Le pis eſtoit que la boiſſon nous avoit manqué depuis quatre jours, nous crûmes étancher nôtre ſoif en beuvant un peu de miel, mais il fit un effet contraire, ſi bien que je fus contraint de boire demon urine, à l'exemple de quelques autres, & de tenir dans ma bouche des cartiers de balles de mouſquet pour me la tenir humide. Le Capitaine ne vouloit point que l'on tournaſt le cap vers les Iſles qui eſtoient en grand nombre autour de nous, pour y cherher de l'eau, & l'auroit empeſché ſi la ſoif nous preſſant encore davantage, les trois Eſpagnols, mes camarades ne l'y euſſent obligé l'épée à la main : On jetta donc l'anchre à l'une de ces Iſles, & l'on mit l'eſquif à la mer pour y chercher de l'eau, mais en vain; je me perdis dans cette Iſle à force d'en chercher, cependant les autres ſe remirent dans l'eſquif pour aborder à une autre Iſle qui leur en prometoit, & me laiſſerent ſeul à terre, car cette Iſle eſtoit inhabitée, je fus fort ſurpris lors qu'eſtant revenu à ce lieu où nous avions abordé je n'y trouvay plus l'eſquif, je criay de toute ma force ſans eſtre entendu; à la fin je découvris de deſſus un rocher l'eſquif qui ramoit vers une Iſle voiſine; cela me fit eſperer qu'ils me reviendroient cherher aprés avoir trouvé de l'eau; tout le rafraiſchiſſemét que ie pûs trouver dans cét Iſle fut de quelques meures ſauvages, ſemblables à celles qui viennét ſur les ronces; j'eſtois tout en ſueur, je mis tout nud dans l'eau juſqu'au col pour me rafraiſchir, & lors que j'en fus ſorty je m'endormis de telle ſorte que mes compagnons eſtant revenus pour me prendre, ils m'appellerent de tous coſtez ſans que je m'éveillaſſe : à la fin ils me trouverent, & m'aprirent qu'ils avoient trouvé dans l'Iſle voiſine de l'eau, des oranges & des citrons, & qu'elle eſtoit habitée par quelques Eſpagnols; d'abord que j'eus atteint l'eſquif, on me donna de l'eau tout mon ſaoul, mais comme elle eſtoit fort chaude, & bourbeuſe je la revomis auſſi toſt, il me prit enſuite une fiévre chaude qui ne me quitta que long-temps aprés.

Aprés avoir couru pluſieurs dangers, j'arrivay enfin à Panama, où je fus environ quinze jours à reprendre mes forces. Il y a une Audience en cette Ville compoſée comme celle de Guatemala, d'un Preſident & de ſix Juges, c'eſt un Eveſché, ſon Port eſt plus fort du coſté de la Mer du Sud, qu'aucun autre que j'aye veu de cé coſté-là; il y avoit quelqnes canons pointez pour le deffendre. La pluſpart des maiſons n'y ſont baſties que de pieces de bois & de planches, le Palais du Preſident eſt baſty de meſme, & la grand'Egliſe eſt meſme couverte de planches, les materiaux pour baſtir plus ſolidemét comme le plaſtre & les pierres y ſont fort rares, & la chaleur y eſt ſi exceſſive, que l'on n'y ſçauroit ſouffrir pour tout habit qu'un eſpece de pourpoint de thoille couppé & un calçon de taffetas, ou de quelqu'autre étoffe fort legere. Le poiſſon, les fruits & les legumes y ſont en plus grande abondance que la chair. La boiſſon la plus delicieuſe pour les femmes de cette Ville eſt l'eau de Cocos & la Chocolatte; il y a auſſi du vin du Perou en abondance. Les Eſpagnols qui l'habitent ſont fort abandonnez à toutes ſortes de plaiſirs, principalemenr à celuy des femmes. Cette Ville paſſe pour une des plus riches de toute l'Amerique; Elle trafique par terre, & par la riviere de Chiagre, dans la Mer du Nord & par la Mer du Sud au Perou, par toutes les Indes Orientales, au Mexique par le Golphe de Honduras. Trois ou quatre grands vaiſſeaux y apportent tous les ans les principales richeſſes du Perou, ils n'abordent pas juſques tout proche la ville, parce qu'ils demeureroient à ſec ſur le ſable lors que la marée ſe retire, mais ils demeurent à l'anchre à Puerto Perico qui en eſt à trois lieuës; la marée ſe retire juſqu'à trois milles de la ville, & laiſſe un limon qui la rend fort mal-ſaine, à quoy auſſi pluſieurs marais qui l'environnent ne contribuent pas peu. Il y pouvoit avoir en ce temps-là cinq milles habitans. J'avois le choix d'aller à Portobelo par terre ou par eau; & comme par terre il y avoit des montagnes tres-difficiles à traverſer, ie pris la voye de la riviere de Chiagre. Ie partis donc à minuit de Panama pour aller à Venta de Cruzes, qui en eſt à dix ou douze lieuës, par un chemin preſque par tout uny. I'y arrivay avant les dix heures du matin. Elle n'eſt habitée que par des Mulates & des Negres, qui gagnent leur vie à porter dans des batteaux plats des marchandiſes à Portobelo. Aprés avoir demeuré cinq jours à Venta de Cruzes, j'en partis pour Portobelo dans une de ces barques; cette navigation eſt difficile, car la riviere de Chiagre eſt baſſe en pluſieurs endroits, de ſorte que les barques s'arreſtent ſur le ſable, & elles ne ſont remiſes à flot que par le moyen des Negres qui les pouſſent avec de grandes perches; Quelquesfois auſſi l'on trouve des torrens qui emportent les barques auſſi viſte qu'un trait d'arbaleſtre, d'autres fois elles ſont arreſtées par les branches des arbres qui ſont ſur les bords de la riviere, ſi bien que l'on eſt ſouvent contraint de les couper. Une pluye qui tomba quelques jours aprés que nous nous fûmes embarquez ſur cette riviere, & les torrens d'eau qui deſcendoient alors des montagnes la groſſirent, & firent qu'aprés douze jours de navigation nous arrivaſmes à la Mer. Les Eſpagnols ſont ſans doute perſuadez que les Eſtrangers ne peuvent pas entrer dans le pays par cette riviere, puis qu'ils ne fortifient pas mieux le Chasteau qui est à son embouchure; il est certain que de mon temps il tomboit enruine. Aprés avoir esté regalez de quelques rafraischissemens par le Capitaine de ce Chasteau nous en prismes congé, & nous mismes en mer. D'abord nous découvrismes l'Escudo de Veragua, nous costoyasmes aprés la terre iusqu'à la nuit qu'on passa derriere une petite Isle; nos Negres firent bon quart toute la nuit à cause des Hollandois qui attendent souvent au passage les batteaux de Chiagre, mais il n'en parut point cette nuit-là. Le lendemain au matin nous arrivasmes à Portobelo qui est fortifié de trois Chasteaux, dont deux sont à son embouchure, & le troisiéme est plus avant, où l'on fait tousiours bonne garde. Les Gallions n'estoient pas encore à Portobelo, ils n'y arriverent que dix iours aprés au nombre de huit, & de dix vaisseaux marchands. Les maisons devinrent si cheres alors que l'on me demandoit soixante écus pour une chambre où il n'y avoit que la place d'un lit & d'une table, & cela pour environ 15. iours que les Gallions devoient demeurer à Portobelo. Ie demouray surpris de la quantité de Mules qui y venoient de Panama chargées de barres d'argent; car en un seul iour i'en contay deux cent qui n'estoient point chargées d'autre chose; On les déchargeoit dans le marché, & il y avoit des monceaux de barres d'argent que l'on laissoit à l'abandon, sans craindre que l'on y touchast, de mesme que si ç'eust esté des tas de pierres. C'estoit une chose étonnante de voir cōme les ruës estoient remplies de monde : d'abord que les vaisseaux furent arrivez, les vivres rencherirent, de sorte qu'il falloit acheter 12. Reaux ce qui n'en valoit auparavant qu'un. Les Marchands ne vendoient pas leurs étoffes à l'aune mais à la piece & au poids, & on ne les payoit qu'en barres d'argent. Cette Foire, qui sans exageration, peut passer pour la plus grande du Monde, ne dura que quinze iours, car en cét espace de temps les Gallions furent rechargez & les barres d'argent portées à bord.

D. Carlos de Ybarra, Admiral de la flotte, qui voyoit la maladie dans son équipage, pressoit fort les Marchands de recharger les vaisseaux, dont i'avois bien de la joye, car l'air est fort mal sain à Portobelo, les chaleurs y sont excessives, & il y court des fiévres tres-dangereuses principalemōt en la saison que les Gallions y viennent, en effet durant le sejour que i'y fis il y mourut bien 500. personnes. Le Capitaine d'un des Gallions me demandoit 300. écus pour mon passage, ie fus reduit à me contenter d'un vaisseau Marchand nommé le Saint Sebastien, sur lequel ie servis de Chapelain, & i'eus mon passage avec la table du Maistre du vaisseau. Le lendemain que nous fusmes en Mer pour aller à Carthagena, nous découvrismes quatre voiles qui firent peur aux vaisseaux marchands de la flotte, & les obligerent de se mettre à couvert entre les Gallions; & comme le vaisseau dans lequel i'estois estoit bon voilier, il se tenoit tousiours sous le canon de l'Admiral, ou de quelqu'autre grand bastiment, mais les autres vaisseaux marchands ne peurent pas faire le mesme, & la nuit il y en eut deux de pris par les Hollandois. La plus grande peur qu'eurent les Espagnols ce fut vers l'Isle de la Providence autrement de Santa Catalina, où ils apprehendoient de trouver des Anglois, ils l'appellent aussi l'Isle des Pyrates, & ne iugent rien de plus necessaire à la seureté de ces Mers que d'en chasser nostre nation, à cause que c'est un poste fort propre pour attaquer tout ce qui sort de la riviere du Desaguadero, les Fregates de Granada, & que de là ils croisent la Mer entre Portobelo & Carthagena par où passent les plus grandes richesses du Roy d'Espagne. Nous arrivasmes heureusement à Carthagena, d'où nous partismes pour Espagne, aprés y avoir pris les choses necessaires : la flotte de Vera Cruz nous devoit joindre à l'Havana, mais l'Admiral ne voulut pas l'y attendre plus de huit iours à cause du mauvais temps que causoit la Lune de Septembre où nous estions, & qui rend le Golphe de Bahama fort dangereux. Nous rencontrasmes en chemin la flotte de Vera Cruz composée de vingt-deux voiles, l'on en fit de grandes réjouïssances de part & d'autre, & elle nous quitta l'apresdisnée pour relascher à l'Havana, & y prendre les choses dont elle avoit besoin. Et aprés avoir eu la veuë de l'Isle de S. Augustin, de la Floride, de la Tercere, &c. Nous découvrismes Cadiz, & le vingtiéme Novembre 1637. nous jettasmes l'anchre à S. Lucar de Barameda; de là ie passay en Angleterre.   *F I N.*

EXTRAIT DV PRIVILEGE DV ROY.

PAr Grace & Privilege du Roy donné à Paris le 18. Fevrier 1663. Il est permis à Girard Garnier de faire imprimer la *Relation du Mexique par Thomas Gages*, en telle marges & caracteres, & autant de fois que bon luy semblera, durant l'espace de dix années, à compter du jour qu'il sera imprimé pour la premiere fois : Avec deffenses à tous autres d'en rien imprimer sous pretexte de changement, augmentation ou autrement, sans le consentement dudit Garnier, aux peines portées dans ledit Privilege.

Registré dans le Livre de la Communauté des Imprimeurs & Marchands Libraires de cette Ville de Paris, le 23. Avril 1663. à la charge que la distribution dudit Livre sera faite par un Libraire.

       Signé, I. DV BRAY, *Syndic.*